Margit Stockdreher

Der Aha!-Moment
Neurowissenschaft in der Coachingpraxis

D1665999

Der Aha!-Moment
Neurowissenschaft in der Coachingpraxis

Autorin:
Margit Stockdreher

Verlag:
FQL Publishing, München

Buch: ISBN 978-3-947104-62-8
eBook: ISBN 978-3-947104-63-5

Buchreihe: GEHIRN-WISSEN KOMPAKT

Hinweis zur Genderformulierung:
Die Autorin verwendet in dieser Masterarbeit aus Gründen der besseren Lesbarkeit genderneutrale Formulierungen oder das generische Maskulin. Weibliche und andere Geschlechteridentitäten werden dabei ausdrücklich mitgemeint.

Titelbild und Illustrationen: Martin Christ, Köln.
Das **komplette Abbildungsverzeichnis mit Bildnachweisen** befindet sich **auf Seite 102**.

Ich habe keine Lehre. Ich zeige nur etwas. Ich zeige Wirklichkeit, ich zeige etwas an der Wirklichkeit, was nicht oder zu wenig gesehen worden ist. Ich nehme ihn, der mir zuhört, an der Hand und führe ihn zum Fenster. Ich stoße das Fenster auf und zeige hinaus. Ich habe keine Lehre, aber ich führe ein Gespräch.

Martin Buber, Aus einer philosophischen Rechenschaft (1961)

Über dieses Buch

Der Aha-Moment ist ein im Hinblick auf Coaching zwar diskutiertes Phänomen, jedoch im neurowissenschaftlichen Kontext noch nicht ausreichend erforscht. Bisher stehen nur einzelne Aspekte des Themas im Fokus der Forschung, und die sind auch nur in Teilbereichen evaluiert.

Die Praxis zeigt, dass Aha-Momente beim Coachee durch die Persönlichkeit des Coachs ausgelöst werden. Coaches fördern als Impulsgeber kreatives Denken und schaffen durch gezielte Interventionen die Voraussetzung für das Erleben eines Aha-Moments. Im Aha-Moment entsteht das Wissen um die Richtigkeit einer Entscheidung und die Gewissheit, dass Bedenken unbegründet sind.

Mit Erfahrung, psychologischem Knowhow, Kreativität und Intuition fördert der Coach beim Coachee die Einsicht. Sie ist die Grundlage für das Eintreten von Aha-Momenten, die Veränderungsprozesse auslösen. Mit einem neuen Bewusstsein und der Motivation, die an ein Ziel gekoppelt ist, werden alte Muster aufgebrochen, und die Aufmerksamkeit des Coachees kann auf die Gestaltung der zukünftigen Möglichkeiten gerichtet werden.

Die Verknüpfung und das Zusammenspiel verschiedener Gehirnsysteme stellen eine wichtige Basis für erfolgreiche Veränderung dar. Die Anwendung neurowissenschaftlicher Kenntnisse zum Aha-Moment unterstützt erfolgreiche Coachingprozesse. Hierbei kommt der interaktionellen Beziehungserfahrung zwischen Coach und Coachee eine besondere Bedeutung zu. Diese ist umso effektiver, je besser neben der fachlichen Kompetenz die Persönlichkeit des Coachs ausgebildet ist und je stärker die Bedeutung des Zusammenwirkens von neurowissenschaftlicher und psychologischer Betrachtungsweise im Coaching berücksichtigt wird.

Inhaltsverzeichnis

Vorwort

Liebe Leserin, lieber Leser,

seit über 20 Jahren begleite ich als Coachin Menschen und Systeme in Veränderungsprozessen, und immer wieder erlebe ich die faszinierenden Augenblicke, in denen Menschen plötzlich zu Einsichten gelangen, die ihnen lange verstellt zu sein schienen.

Ich bin der Frage nachgegangen, welche Bedingungen erfüllt sein müssen, damit sich solche Aha-Momente einstellen, warum sie gerade zu dem ihnen bestimmten Zeitpunkt eintreten, und was genau in diesen Augenblicken vor sich geht.

In meiner Praxis habe ich dieses Phänomen erforscht. Dabei war und ist es mein Anliegen, die Phasen des Grübelns zu verkürzen und dadurch Energien für konstruktive Prozesse freizusetzen.

Dieses Buch, das als Masterarbeit an der Academy of Neuroscience in Köln entstanden ist, beschreibt das Zusammenspiel von Psychologie und Neurowissenschaft bei der Erforschung des Aha-Moments und liefert dazu Handlungsimpulse aus der aktuellen neurowissenschaftlichen Forschung.

Der Fokus liegt auf der Fragestellung, was genau in dem Moment, in dem wir uns für Veränderung entscheiden, in unseren Gehirnen passiert, und wie wichtig hier der Beziehungsaspekt in der Interaktion zwischen Menschen ist.

Das Leben darf leicht und entspannt sein, und die Bereitschaft zur Einsicht können wir trainieren. Dieses Buch wird Sie in Ihrem Denken, Handeln und Fühlen unterstützen. Es wird Ihren Blick auf Veränderungsprozesse erweitern und den Veränderungen, die Sie sich wünschen, den Weg ebnen.

Viel Freude beim Entdecken Ihrer Ressourcen – als Coach*in, Psycholog*in oder Berater*in, vor allem jedoch als veränderungsbereiter Mensch.

Herzlichst

Ihre Margit Stockdreher   Köln, im November 2019

Danksagung

Das Vertrauen meiner Kund*innen, die gemeinsam initiierten Prozesse, die vielfältigen Aha-Momente und die zahlreichen Rückmeldungen haben mich dazu inspiriert, mich dem Thema dieser Masterarbeit zuzuwenden. Ich fühle mich beschenkt und bin dafür sehr dankbar.

Ich danke Herrn Torsten Seelbach für die großartige Idee, mit der Gründung der aon GmbH eine Plattform zu schaffen, um den multidisziplinären Ansatz der kognitiven Neurowissenschaften praxisorientiert zu vermitteln.

Ich danke meinen Professoren, allen voran Prof. Dr. Dr. Gerhard Roth und Prof. Dr. Tobias Esch für die wirkungsvolle Vermittlung der wissenschaftlichen Aspekte und den produktiven Abgleich von Wissenschaft und Coaching-Praxis. Herrn Prof. Roth danke ich besonders für die Betreuung meiner Masterarbeit und die lehrreichen Gespräche.

Anke Jacobs gilt mein herzlicher Dank für ihren Hinweis zur Studie der Medizinischen Universität Wien.

Von Herzen danke ich meinem Mann für die konstruktive Begleitung bei der Entstehung dieses Buches, und ebenso danke ich Claudia Sandkötter für ihre ermutigenden Kommentare. Schlussendlich geht mein Dank an meinen Sohn Luis, der mich im Leben immer wieder inspiriert und mir so manchen wunderbaren Aha-Moment geschenkt hat.

1. Einführung

Im Zentrum von Coaching-Prozessen steht der Augenblick, in dem ein Coachee aus der Ausgangssituation eines zu verändernden Musters heraus den Weg in eine Zielsituation, in der dieses Muster verändert wird, einschlägt. Wie kommt es zu dieser Einsicht, und kann diese Einsicht bewusst erzeugt werden? Ziel dieser Arbeit ist es, herauszuarbeiten, wie die Persönlichkeit des Coachs das Auslösen des Aha-Moments beeinflusst. Was genau geschieht in dem Moment im Gehirn, wenn der Coachee eine Herausforderung mit einem Geistesblitz der Einsicht löst?

Zur Beantwortung dieser Fragen werden Erkenntnisse aus der neurowissenschaftlichen Forschung in den Praxisbezug des Coachings gesetzt. Es wird aufgezeigt, wie erfolgreiche Coaches in den von ihnen gesteuerten Coachingprozessen Veränderung ermöglichen. Dazu wird der Aha-Moment in den Blick der neurowissenschaftlichen Forschung gerückt. Es wird dargestellt, dass und wie Kreativität den Aha-Moment begünstigt.

Die neurowissenschaftliche Forschung steht vor der Aufgabe, den Aha-Moment in der Interaktion zwischen Coach und Coachee zu erforschen. Die Beobachtung zahlreicher Aha-Momente in 20 Jahren Praxiserfahrung als Coachin sind die Motivation, neurowissenschaftliche Erklärungen für dieses Phänomen zu finden und diese Arbeit zu schreiben.

1.1 Fragestellung

Um in dieser Arbeit den Aha-Moment in Coachingprozessen zu analysieren, werden drei Fragen beantwortet:

- Welche Bedeutung hat die Persönlichkeit des Coachs als Wirkfaktor?

- Welche Persönlichkeitsmerkmale beim Coachee begünstigen den Aha-Moment?

- Welche neuronalen Prozesse bewirken den Aha-Moment und die Veränderung von Denk- und Verhaltensmustern?

Hypothese:

Coaches schaffen die Voraussetzung für das Erleben eines Aha-Moments. Die Praxis zeigt, dass Coaching-Techniken alleine nicht immer zum gewünschten Erfolg führen. Die Persönlichkeit des Coachs ist entscheidend für erfolgreiches Coaching. Gezielte Interventionen, Erfahrung, psychologisches Knowhow und Kreativität fördern in Coachingprozessen Aha-Momente beim Coachee. Die Anwendung neurowissenschaftlicher Kenntnisse zum Aha-Moment unterstützt erfolgreiche Coachingprozesse.

1.2   Der Begriff des Aha-Moments

Der Aha-Moment ist der Augenblick, in dem das plötzliche Erkennen einer Lösung für ein zunächst nicht realisierbar scheinendes Veränderungsvorhaben im Denken oder Verhalten stattfindet. Er entsteht aus dem Gegensatz zwischen einem ungewünschten Vorher und dem gewünschten Nachher. Dieser innere Konflikt ist der Türöffner für die Erkenntnis, die Veränderung möglich macht. Im Aha-Moment entsteht das Wissen um die Richtigkeit einer Entscheidung und die Gewissheit, dass Bedenken unbegründet sind. Psychologen sprechen in diesem Kontext auch von Einsicht.[1]

Der griechische Gelehrte Archimedes von Syrakus (ca. 250 v. Chr.) prägte den Begriff Heureka-Effekt. Es wird überliefert, dass Archimedes die Lösung für ein Problem bei einem Bad in der Wanne gefunden hat. Er erkannte, dass die messbare Menge des überlaufenden Wassers genau seinem Körpervolumen entsprach. Er sprang aus der Wanne, lief nackt durch die Stadt und rief „Heureka" (altgriechisch ηὕρηκα), was so viel wie „Ich habe es gefunden" bedeutet. Seitdem steht dieser Begriff als Synonym für eine plötzliche Erkenntnis.[2] Der Begriff Aha-Erlebnis wurde insbesondere durch den Denk- und Sprachpsychologen Karl Bühler (1879-1963) geprägt, der die Zusammenhänge der Einsicht bei Gedankenprozessen wissenschaftlich untersucht hat. Bühler kam zu dem Ergebnis, dass die Gedanken aus nicht-beobachtbaren Prozessen bestehen. Aus seinen Beobachtungen lässt sich schlussfolgern, dass im Augenblick des Aha-Erlebnisses ohne gedankliches

Zutun des Betroffenen Zusammenhänge zwischen an sich unanschaulichen Denkinhalten hergestellt werden.[3]

Letztendlich ist mit Aha-Moment, in dem umgangssprachlich auch „der Groschen fällt", gemeint, dass die Erkenntnis schlagartig kommt, ohne dass die Gedanken der betroffenen Person in diesem Augenblick bekannt sind und analysiert werden können.

Die Psychologie geht von **vier definierbaren Merkmalen** aus:

1. Das Aha-Erlebnis kommt plötzlich.

2. Die Lösung eines Problems kann flüssig verarbeitet werden.

3. Das Aha-Erlebnis löst einen positiven Affekt aus.

4. Eine Person, die eine plötzliche Einsicht erlebt, ist von der Richtigkeit der Lösung überzeugt.[4]

1.3 Der Aha-Moment im Coaching

Der Aha-Moment im Coaching ist ein noch wenig erforschtes Phänomen. In psychologischen und therapeutischen Kontexten wird der Aha-Moment auch als Peak, Mastery Moment (Hochmoment) oder Dreh- und Angelpunkt bezeichnet.[5] Erklärungen dafür, was genau in diesem Augenblick der plötzlichen Erkenntnis passiert, der einen Coachee im Coachingprozess zur Veränderung bewegt, sind neurowissenschaftlich noch nicht belegt.

Beim Aha-Moment geht es um das plötzliche Erleben von Einsicht. Die Neurowissenschaftler John Kounios und Mark Beeman beschreiben Einsicht als den letzten in einer Abfolge von Schritten. Die Schritte, die zur Einsicht führen, beginnen mit dem Grübeln über das Problem am Anfang des bewussten Lösungsversuchs. Es folgt der Gedankenkreisel, wenn die Lösung nicht gefunden wird, danach die Ablenkung als Pause vom Problem und schließlich im Ergebnis die Einsicht, auch Phase der „Erleuchtung" genannt, wenn die Lösung gefunden ist.[6]

Abb. 1: Vier Stationen auf dem Weg zur Einsicht

Im Coachingprozess geht es um das Vertrauen in einen gemeinsamen kreativen Prozess. Coaches erleben bei den von ihnen begleiteten Coachees die plötzlichen Wechsel in Verhaltens- oder Denkmustern. Von den Coachees wird dieses Aha-Erleben in der Praxis als befreiend, erleichternd, Dankbarkeit auslösend oder Endlich-aus-dem-Grübeln-Herauskommen beschrieben.

Die Sicht auf die Dinge verändert sich von einem Moment auf den anderen so wirkungsvoll, dass der plötzliche Wandel der Denk- und Verhaltensmuster im Nachhinein als selbstverständlich erscheint. Unbewusste emotionale Prozesse verknüpfen sich mit dem aktuellen Erleben.

1.4   Ein Praxisbeispiel

Wie Coaches dazu beitragen, solche Erlebnisse entstehen zu lassen, zeigt das folgende Beispiel: Ein 45-jähriger Manager in der IT-Branche kommt nach Jahren der Fixierung auf seinen Job in ein Coaching, weil er merkt, dass in seinem Leben irgendetwas nicht stimmt: es besteht nur noch aus Technologiethemen und Zahlen, er ist ausgebrannt, hat Schlaf- und Konzentrationsprobleme, spürt zunehmend sexuelle Unlust und erlebt sich selbst als antriebsarm. Sein Fühlen und Denken ist blockiert. Er möchte sein Leben verändern, weiß jedoch nicht, wie er das umsetzen kann. Zu gefangen fühlt er sich in seinen derzeitigen Strukturen. Existenzielle Angst, seinen Job zu verlieren, blockiert jegliches Denken. Auch belastet ihn die Entfremdung von seiner Lebensgefährtin. Ständiges Grübeln über seine Probleme scheint die Symptome und Ängste eher zu verstärken. Während seiner detaillierten

Ausführungen im ersten Coachinggespräch zeigt er zunehmend körperliche Symptome wie Kurzatmigkeit und rote Flecken im Gesicht. Durch die Intervention der Coachin, eine Pause zu machen, zu schweigen, aus dem Fenster zu sehen und den Baum draußen anzuschauen, wird er im Automatismus seiner Gedanken unterbrochen.

Er beobachtet schweigend einen Vogel beim Nestbau. Für den Manager ist dies ein emotionaler Moment. Er weint. Nach einer Pause erklärt er, dass er sich nicht erinnern könne, wann er das letzte Mal einen Vogel beobachtet habe. Im Erzählen spürt er, wie sich sein Körper entspannt. Der Coachee beschreibt, dass mit der Betrachtung des Vogels eine Ruhe in seinen Körper eingezogen ist, die er als wärmend empfunden hat. Die gedankliche Leere erlebt er als seinen Aha-Moment. Er will sich wieder im Leben spüren, sich wahrnehmen und seinen Sehnsüchten und Bedürfnissen Raum geben. Die mit dieser Ruhe verbundene plötzliche Einsicht hat sich tief in seinem Gedächtnis eingebrannt.

Im Coachinggespräch gelingt es dem Manager, seine eingrenzenden Gedanken- und Handlungsmuster aufzubrechen und fehlende Antworten auf seine Fragestellungen zu finden. Er erlebt einen neuen Zugang zu sich selbst. Der Aha-Moment löst einen Sinnstiftungsprozess aus, der ihn nachhaltig verändert und in eine neue Verbundenheit mit sich und seinem Umfeld bringt. Vertrauen in das eigene Ich löst die Verunsicherung der Vergangenheit ab.

Anders ausgedrückt bedeutet dies: Der Coachee kommt mit Stresssymptomen ins Coaching. Er befindet sich in einer Sackgasse. Trotz seiner Bemühungen und durch ständiges Grübeln konnte er seine unliebsamen Muster und Gewohnheiten nicht verändern. Die Ablenkung ermöglicht es ihm, seine Gedanken im Augenblick des Coachings zu stoppen, sodass neuen Emotionen und körperlichen Wahrnehmungen Raum gegeben werden kann. Der Aha-Moment, der Augenblick der Erleuchtung ist da. Er tritt in dem Augenblick ein, in dem sich die Verstrickung der Gedanken unbewusst löst. Der Raum für die Entwicklung neuer Denk-, Gefühls- und Verhaltensmuster ist entstanden.

2. Potenzialentfaltung durch exogene Faktoren: Die Persönlichkeit des Coachs

Coaching ist seit den 1980er Jahren in Deutschland bekannt und wurde zunächst im Bereich der Führungskräfte- und Personalentwicklung eingesetzt. Ab Mitte der 1990er Jahre verbreitete sich Coaching z. B. als Gruppen-, Team- und Projektcoaching und wurde darüber hinaus im Rahmen etwa von Lifestyle-Coaching, Coaching mit Tieren, Astrologie-Coaching, um nur einige zu nennen, für alle Lebensbereiche angeboten. Beim Coaching soll ein anvisiertes Ziel durch externe Unterstützung erreicht werden. Seit 2002 wird daran gearbeitet, der Modeerscheinung Coaching einen professionellen Rahmen zu geben, indem ein Wissenschaftsbezug hergestellt wird.[7]

Hier kommt der Persönlichkeit des Coaches eine besondere Verantwortung zu. Neben seiner fachlichen Kompetenz ist die soziale Kompetenz eine wichtige Grundvoraussetzung, um Menschen, die Hilfe suchen, adäquat zu begleiten. Coaches, die über neurowissenschaftliche Kenntnisse verfügen, sind verstärkt in der Lage, das Gelingen der Veränderungsprozesse und damit die Nachhaltigkeit der Veränderung beim Coachee zu initiieren und zu begleiten.

Grundvoraussetzung dafür ist ein positives Menschenbild. Die Integration neurowissenschaftlicher Erkenntnisse im Coaching ist unabdingbar, denn menschliches Erleben und Verhalten werden maßgeblich durch unbewusste und vorbewusst-intuitive Prozesse bestimmt.[8] Im Folgenden wird erläutert, wodurch ein Coach die Veränderung und Potenzialentfaltung beim Coachee ermöglicht.

2.1 Die Rolle des Coachs

Der Coach ist Impulsgeber und Berater mit Expertenkompetenz im Aufbau neuer Denk- und Handlungsmuster. Er ist dafür zuständig, das Verhalten und Erleben seines Coachees zu reflektieren, indem er zuhört, Denkanstöße gibt, konfrontiert und je nach Sachlage auch provoziert oder irritiert, immer mit dem Fokus, den Coachee der Lösung seiner Fragestellung näher zu bringen. Das Ziel und die gemeinsame Prozessarbeit im Blick haltend, bietet der Coach eine interaktive Beratung, die von Freiwilligkeit, Vertrauen, gegenseitiger Akzeptanz und Offenheit geprägt sein sollte.[9]

In allem, was der Coach im Gespräch anbietet, geht es immer um die Person des Coachees, „um seine Wahrnehmungen und Interpretationen, seine Einstellungen, Verhaltens- und Handlungsweisen, die Art des Zusammenwirkens mit anderen Personen, um seine Normen, Werte, Handlungstheorien, Weltbilder, Wünsche und Hoffnungen, die in reflexiven Prozessen erfasst, gedeutet, hinterfragt und gegebenenfalls in eine neue Richtung gelenkt werden."[10]

Der Erfolg eines Coachings ist besonders von der Fähigkeit des Coachs abhängig, adäquat auf die Interaktionsangebote seines Gegenübers zu reagieren.[11] Theorien und Coaching-Praktiken sollte ein Coach kennen und beherrschen, doch zeigt die Wissenschaft, dass Interventionen nicht oder nur sehr eingegrenzt wiederholbar sind.[12] Umso mehr sollte ein

Coach in der Lage sein, neben der Theorie auch erfahrungsgeleitet im Sinne des Coachees zu handeln.[13] So ist es seine Aufgabe, den Coachee in der Interpretation und Betrachtung seiner Themenfelder zu unterstützen. Der Coach sollte Übertragungs- und Gegenübertragungsansätze in der Interaktion mit dem Coachee bereitstellen. Die Emotionalität des Coachs ist demzufolge ein Tool seiner Methoden und von elementarer Bedeutung.

Coachees sind häufig mit ihren Mustern und Gewohnheiten im Denken und Handeln so sehr identifiziert, dass sie sich dessen alleine nicht bewusstwerden können. Die Rolle des Coachs besteht darin, diese Muster und Denkstrukturen zu erkennen und die Deutungsmuster des Coachees zu erweitern. Denkweisen und Erinnerungen werden bewusstgemacht, und bisher vermiedenen Emotionen wird Raum gegeben. Dies gelingt umso besser, je mehr Übung und Selbsterfahrung der Coach aufweist, es beinhaltet zudem die permanente Reflexion des eigenen Selbst.[14] Der Spagat zwischen dem Sich-intensiv-Einlassen und dem Wahren der professionellen Distanz gelingt, wenn der Coach sich eigener Werte, blinder Flecken und eigener Grenzen bewusst ist und diese akzeptiert.[15]

Elementar ist eine Vielfalt an Techniken zur Förderung des Erlebens beim Coachee. Nach Astrid Schreyögg besteht die Gefahr der einseitigen Anwendung von Coachingtheorien in der Begrenzung des Coachs durch einen „Tunnelblick".[16] Eine variable Haltung zeigt sich durch hohe Flexibilität in der Interaktion und ist ein wesentlicher Gradmesser für Professionalität. Letztendlich hilft der Coach dem Coachee dabei, die neuen Deutungs- oder Veränderungsmuster in sein Handlungsrepertoire zu übernehmen.[17]

2.2 Der Coach als Vorbild

Als Vorbilder werden Personen oder Sachen betrachtet, die als idealisiertes Beispiel angesehen werden und die richtungsweisend sind.[18] Vorbilder verkörpern das Abbild eines Ideals und haben oft eine Leitbildfunktion. Zum Vorbild wird ein Mensch durch andere Menschen gemacht. Ein Coach hat eine Vorbildfunktion, indem er ein beispielhaftes integres, widerspruchsfreies Verhalten vorlebt. Dadurch wirkt er authentisch und schafft Vertrauen. Die Übereinstimmung seiner Einstellungen, Werte und Überzeugungen mit seinem tatsächlichen Handeln kann zur Nachahmung anregen. Ist der Coachee davon überzeugt, dem Coach als gewähltem Vorbild nacheifern zu können, so hat das positive Auswirkungen auf die Selbstwirksamkeitsüberzeugung.

Wenn andere Menschen mit Fähigkeiten, die den eigenen gleichen, eine Aufgabe meistern, traut man sie sich selbst auch eher zu. Je größer die Ähnlichkeit zur beobachteten Person ist, desto stärker ist die Beeinflussung durch das Vorbild.[19] Auch kann es, wie von Zharkova untersucht, bei einer Therapie zu einer Idealisierung des Therapeuten kommen, woraus sie schließt, dass Patienten „durch Identifizierung mit erwünschten Attributen beim Therapeuten ein revidiertes Selbstkonzept erreicht haben."[20]

Ein Coachee, der eine gewisse Ähnlichkeit mit dem Coach im Hinblick auf Einstellungen, Ziele, Werte etc. spürt und das Bedürfnis nach Veränderung hat, fühlt sich durch seinen Coach inspiriert und möchte ggfs. von ihm lernen. Ein Coach, der in der Lage ist, Coachees zu beflügeln, sie für sich selbst zu begeistern und ihnen das Gefühl von Sicherheit und Vertrauen gibt, liefert die Basis im Zutrauen zur Veränderung. Er ermutigt und stärkt.

Es geht weniger um das Was in der Kommunikation als vielmehr um das Wie der Kommunikation, das sich im affektiv-emotionalen Kontext des Sprechens, der Mimik und Gestik, der Stimmtonation, Körperhaltung und auch des Körpergeruchs äußert.[21] Das Beratungsverhalten inspiriert den Coachee, fördert die Neugier und ebnet so den Weg bei der Gestaltung einer positiven Entwicklung. Indem der Coach seine eigenen Wahrnehmungen und Selbstreflexionen im Beratungskontext verdeutlicht, fördert er die Wahrnehmungs- und Selbstreflexionsfähigkeit des Coachees. Die Beziehung zwischen Coach und Coachee beinhaltet demzufolge auch ein Lernen am Modell des Coachs.

2.3 Die Intuition des Coachs

Nach Kahnemann wirkt eine richtige oder falsche Intuition nicht auf der Ebene des bewussten Denkens. Er unterscheidet zwischen ganzheitlicher Intuition (System 1) und analytischem Denken (System 2).[22] Das „schnelle" System 1 ist das intuitive, emotionale System, dessen spontane Eindrücke und Gefühle die Grundlage für System 2 sind. Das „langsame" System 2 ist das bewusste, logisch denkende Selbst mit seinen Überzeugungen, das Entscheidungen trifft.[23] Intuition können wir uns somit als ein Denken vorstellen, dass wir etwas wissen, ohne jedoch wirklich zu wissen, wie oder warum wir es kennen.[24] Dieser Erkenntnis kommt in Coaching-prozessen besondere Bedeutung zu. Wenn wir den Aha-Moment betrachten, tritt dieser plötzlich und rein intuitiv ein. So können Coach und Coachee davon überzeugt sein, dass es eine Lösung für ein Problem gibt, obwohl sie in diesem Moment noch nicht wissen, wie die Lösung wirklich aussieht.[25] Das Eintreten der Gewissheit, dass diese Lösung bereits da ist, ist der Aha-Moment, der beim Coachee eine bevorstehende Einsicht ankündigt.[26]

Ein Coach muss aufnahmebereit sein für das, was der Coachee ihm in der Begegnung anbietet. Er sollte seinen Intuitionen und denen des Coachees Raum geben und seine Interventionen darauf abstimmen. Die Kunst besteht darin, die Empfindungen, Analysen und Visionen des Coachs mit denen des Coachees zu verknüpfen.

Positive Stimmung kann der Intuition Raum geben und begünstigt, ihr zu trauen.[27] Ein Coach mit dieser Art von Vertrauen, dass das Gehirn die richtigen Impulse sendet, ermöglicht die effektive Nutzbarmachung von Intuition.[28] Durch kognitive Testverfahren wurde festgestellt, dass intuitive Menschen eher impulsive Denker sind, ausgestattet mit großer Offenheit, die sich stärker auf ihre Erfahrungen von Mustern und Emotionen konzentrieren als auf analytisches Denken.[29] Intuitives Verhalten beflügelt Aha-Momente, sollte jedoch nicht dazu verleiten, voreilige Entscheidungen zu fällen. Sich zu fragen, in welchem Kontext die Erkenntnis gerade entsteht, ist unabdingbar.[30] Es bleibt festzuhalten, dass der Coach die Aufgabe hat, der Einsicht den Weg ins Bewusstsein zu ermöglichen.

3. Potenzialentfaltung durch endogene Faktoren: Die Haltung des Coachees

Im Folgenden wird auf die Voraussetzungen eingegangen, die ein Coachee zur Potenzialentfaltung benötigt. Es geht um die Themen Einsicht, Selbstreflexion, Selbstwirksamkeit und Selbstverantwortung und die frühe Bindungserfahrung als Grundlage von Veränderungsprozessen.

Menschen suchen mit Unterstützung eines Coachs nach Möglichkeiten, um Herausforderungen in ihrem Leben, ob beruflich oder privat, zu meistern. Grundvoraussetzung für einen gelingenden Coaching-Prozess ist die Freiwilligkeit und Veränderungsbereitschaft des Coachees. Dem funktionierenden Selbstmanagement kommt hierbei eine besondere Bedeutung zu, da es Einfluss auf den Aha-Moment nehmen kann. Nach Grimmer und Neukom brauchen Coachees eine grundsätzlich intakte Arbeits- und Beziehungsfähigkeit, eine funktionsfähige, gut integrierte psychische Struktur, intakte Selbstregulierungsfähigkeiten, erste Beziehungserfahrung ohne gravierende Beeinträchtigungen sowie stabile, verlässliche und ermutigende verinnerlichte Elternfiguren.[31] In den folgenden Punkten wird die Vielschichtigkeit der Faktoren, die für den Aha-Moment von Bedeutung sind, dargestellt.

3.1 Einsicht als Grundlage von Aha-Momenten

Einsicht ermöglicht Persönlichkeitsentwicklung. Sie bietet das Potenzial zur grundlegenden Veränderung eines Menschen. Doch kann Einsicht nicht erzwungen werden. Hieraus lässt sich die Frage ableiten, welche Möglichkeiten es gibt, die Offenheit für Neues zu fördern. Kounios und Beeman beschreiben, dass einsichtsvolle Menschen zumeist kreative Lösungen finden, um Schwierigkeiten zu meistern.[32] Im Folgenden wird weniger die Einsicht, die durch analytisches Denken entsteht, sondern vielmehr die Einsicht unter dem Fokus des Aha-Moments beleuchtet.

Nach Kounios und Beeman ergibt die Analyse zum Aha-Phänomen folgende Ergebnisse:

> ➢ Am Beispiel der Lösungsfindung für das sog. Neun-Punkte-Problem wird deutlich, dass ein Denken, das durch Annahmen, Glaubenssätze und Erwartungen geprägt ist, Einsicht verhindert. Sich von gedanklichen Regeln, Grenzen und Einschränkungen zu lösen führt zur Flexibilität im Denken und Handeln. Aha-Erlebnisse werden ermöglicht.[33]

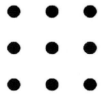 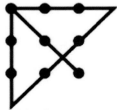

Abb. 2: Das Neun-Punkte-Problem und eine mögliche Lösung
(in Anlehnung an: KOUNIOS, J. / BEEMAN, M. (2015), S. 49f.)

Die Aufgabe besteht darin, neun quadratisch angeordnete Punkte mit einem Stift durch maximal vier gerade Linien zu verbinden, ohne den Stift abzusetzen.[34]

> Einsicht entsteht aus unbewusster Inkubation, d. h. einer anhaltenden Aktivität im Untergrund. In einem unerwarteten Moment und durch einen scheinbar unerheblichen Impuls hervorgerufen wird sie bewusst.[35]

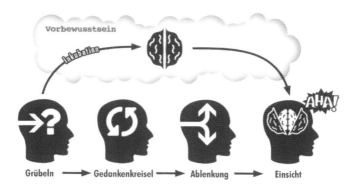

Abb. 3: Einsicht durch Inkubation

> Externe Reize z. B. in Form einzelner Wörter, Geräusche oder Gerüche können, selbst wenn sie mit dem Problem nur am Rande verknüpft sind, wie ein Hinweis wirken, der den Aha-Moment auslöst. Die Einsicht kann dann ins Bewusstsein gelangen.[36]

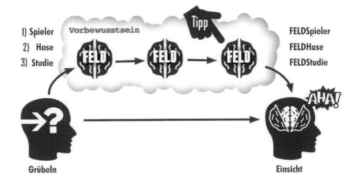

Abb. 4: Einsicht durch externe Anregung

> ➤ Um die Aufmerksamkeit besser nach innen lenken zu
> können, müssen Reize von außen abgeschirmt
> werden. Die neue Idee kann so gefunden werden
> und ins Bewusstsein kommen.[37]

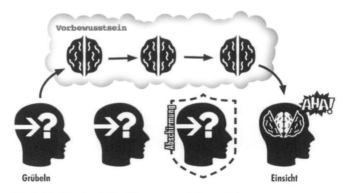

Abb. 5: Einsicht durch Abschirmung von äußeren Reizen

➢ Aha-Momente können eintreten, indem unproduktive Gedankenmuster durch Fixierungsvergessen, d. h. die Befreiung der Gedanken, destabilisiert werden.[38] Das Fixierungsvergessen kann durch die Umlenkung der Konzentration auf etwas Anderes gefördert werden. So verschwinden unproduktive Ideen, und neue Möglichkeiten finden Raum. Bei Durchführung des Remote Association Test (RAT) waren Probanden seltener in der Lage, eine Lösung zu finden, wenn irreführende Hinweise eingeblendet wurden. Wenn sie jedoch bei der Lösungsfindung eine Pause machten, konnten sie die Ablenkung minimieren und dann das Rätsel lösen.[39]

➢ Gefühle beeinflussen das Denken und umgekehrt.[40] Kognition und Emotion sind eng miteinander verbunden. So funktionieren Stimmungen wie Filter und beeinflussen den jeweiligen Blickwinkel auf die Welt und sich selbst. Mit RATs konnte bewiesen werden, dass fröhliche Probanden mehr Lösungen im Sinne von Aha-Momenten fanden als weniger fröhliche.[41]

> Intuition kann ein geistiger Vorgang sein, der zur Einsicht führt und weder vollständig bewusst noch komplett unbewusst ist. Die Gegenwart von unbewussten Gedanken zu spüren fällt in den Bereich der Intuition.[42]

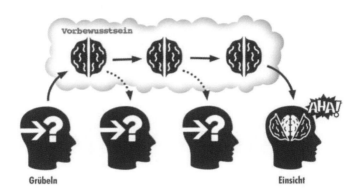

Abb. 6: Einsicht durch Intuition

Auch Kahnemann verweist darauf, dass der starke Einfluss der Stimmungslage Auswirkungen auf die intuitive Leistung und damit die Einsicht hat. In Experimenten von Bolte, Goschke und Kuhl wurde über die Berechnung eines „Intuitionsindex" herausgefunden, dass sich die Treffgenauigkeit mehr als verdoppelte, wenn die Probanden vor dem Test in eine gute Stimmungslage versetzt wurden.[43]

So lockert eine gute Grundstimmung den Kontrollmechanismus und Menschen werden intuitiver und kreativer in der Lösungsfindung.[44] Beste Voraussetzungen für einen Aha-Moment.

Ryba und Roth verweisen darauf, dass bei Einsicht die limbischen Ebenen und damit die Emotionen von besonderer Bedeutung sind, die die verhaltenswirksamen und die körperbezogen Anteile ansprechen. Die kognitiv-sprachliche Ebene als alleinige Grundlage der Interaktion hat keine Wirkung.[45]

Kounios und Beeman skizzieren zudem, dass Probanden, bevor die Lösung eines Problems klar wird, völlig ahnungslos sind.[46] Durch den Wechsel des Ortes, die Veränderung des Kontexts und eine bessere Stimmung kann Einsicht ins Bewusstsein gelangen.[47] Extreme Angst verursacht einen Tunnelblick und verhindert Einsichtsdenken.[48]

3.2   Selbstreflexion, Selbstwirksamkeit und Selbstverantwortung

Selbstreflexion ist ein zentraler Bestandteil in Coachingprozessen. In der Steigerung der Fähigkeit zur Selbstreflexion als Voraussetzung für die bewusste Selbstveränderung hin zum gewünschten Selbstkonzept sieht Greif das Kernstück erfolgreichen Coachings.[49] Selbstreflexion, auch ausgelöst durch ein Feedback, kann neue Perspektiven, Wechselwirkungen und die Wahrnehmung der eigenen Anteile in Bezug auf ein Problem verdeutlichen. Gefördert wird die Bereitschaft zur Selbstreflexion durch das Vertrauensverhältnis zwischen Coach und Coachee bis hin zur Chance für den Aha-Moment.

Ein Coachee sollte die Bereitschaft und Fähigkeit mitbringen, auch andere Perspektiven einnehmen zu können. Hierzu zählt, dass er neben der Selbstreflexion Personen aus seinem Umfeld mit ihren Einstellungen, Emotionen und Verhaltensweisen in die Komplexität der Lösungsfindung einbezieht und damit neue Bedeutungszuweisungen für einen Perspektivwechsel erhält.[50] Je offener und aufnahmebereiter ein Patient für externe Interventionen ist, umso stärker ist nach Orlinsky die Wirkung therapeutischer Interventionen.[51]

Unter Selbstwirksamkeit wird das Vertrauen des Coachees in die eigenen Fähigkeiten verstanden, die Verwirklichung von Zielen durch das eigene Verhalten beeinflussen zu können. Selbstwirksame Menschen haben die Eigenschaft, ihre Ziele hartnäckig zu verfolgen.[52] Zu betrachten sind hierbei zwei Ebenen. Zum einen geht es um innere Bilder, wie der Coachee sich selbst und die Welt erlebt. Zum anderen steht Selbstwirksamkeit immer in Verbindung mit der Bereitschaft, Herausforderungen anzunehmen und selbst bei auftretenden Problemen den Veränderungsprozess fortzusetzen.[53]

Der Coachee selbst leistet die Problembewältigung, der Coach hingegen steuert die Prozesse, damit sich die Ressourcen bestmöglich entwickeln und neue Handlungsmuster erkannt und genutzt werden können.[54] So übernimmt der Coachee die Verantwortung für die Qualität seiner Veränderung. Er versteht, dass Coaching immer nur das innere Erleben der wahrgenommenen Umwelt verändern kann, nicht jedoch die Umwelt an sich.

3.3 Frühe Bindungserfahrung

Der Botenstoff Oxytocin zählt zu wichtigsten Bindungs-hormonen des Menschen und hat schon von der Geburt an eine besondere Bedeutung. Oxytocin ermöglicht, dass eine starke emotionale Beziehung zwischen Mutter und Kind entstehen kann, es sorgt für das nötige Urvertrauen.[55] In dieser Phase wird auch die Bereitschaft, sich auf andere einzulassen und Bindung und Vertrauen zuzulassen, gelegt. Die Fähigkeit zur Oxytocinausschüttung in Verbindung mit tiefgreifenden Bindungserfahrungen bleibt darüber hinaus ein Leben lang erhalten.[56]

Das Oxytocin-Bindungssystem ist eng mit dem Belohnungs- und dem Belohnungserwartungssystem verbunden.[57] Die Wirkung von Oxytocin kann endogene Opioide (Neuropeptide mit einer opiat-ähnlichen Wirkung) freisetzen, wodurch der Mensch motiviert wird, verstärkt die Nähe zu seinem Partner und die Interaktion mit ihm zu suchen.[58] Im Coaching stellt der Coach die Beziehung zum Coachee her und geht in einen engen Austausch. Auch hier spielt wie bei allen sozialen Beziehungen der Botenstoff Oxytocin eine bedeutende Rolle. Die frühe positive Erfahrung fördert die Interaktion zwischen Coach und Coachee und ermöglicht eine positive Grundstimmung, die Lernen und Veränderung begünstigt.[59]

4. Die Beziehung zwischen Coach und Coachee

4.1 Arbeitsbündnis und Therapeutische Allianz

Der Coach ist der Experte für die Beratungsbeziehung und insofern auch derjenige, der die Rahmenbedingungen im Prozess und in der Beziehung zum Coachee anbietet. Er ermöglicht den Aufbau und die Stabilisierung von Vertrauen und ebnet so den Weg vom klaren Auftrag bis hin zur Erreichung des gewünschten Ziels. Gegenseitige Akzeptanz ermöglicht eine Beziehung auf Augenhöhe, in der beide Parteien gleichrangige Partner in unterschiedlichen Rollen sind. Der Coachee bestimmt die Themen und Inhalte, er entwickelt eigene Lösungsansätze und wird in seiner Selbstorganisation gefördert.

Der Coach nimmt eine unabhängige Position ein und vergrößert dadurch ein unvoreingenommenes und neutrales Feedback.[60] Er bietet durch seine Neutralität auch die Gelegenheit, Tabu-Zonen zu benennen, die Kreativität in der Lösungsfindung zu steigern und die Lösung von Blockaden zu realisieren. Allem vorgeschaltet ist die Fähigkeit zu kommunizieren und zu verstehen. Der Coach sendet z. B. durch Sprache auditive Signale gekoppelt mit visuellen Signalen, die der Coachee ebenfalls durch seine Wahrnehmungskanäle der Augen und Ohren aufnehmen kann.[61] Nun muss der Coachee das Gehörte als Code wiedererkennen und die Signale decodieren. Die Informationen verarbeitet er in seinem kognitiven psychischen System.

Da Kommunikation in Wechselwirkung geschieht, gilt für beide Systeme (Coach/Coachee), dass sie die Sprache und Sprachspiele gelernt haben müssen, um miteinander in einen konstruktiven Austausch gehen zu können.

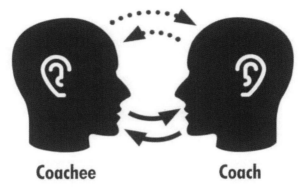

Coachee   **Coach**

Abb. 7: Coachee und Coach

Jeder Input oder Output zwischen Gesprächspartnern durchläuft einen Transformationsprozess, bevor er im jeweiligen System Informationen auslösen kann.[62]

Untersuchungen zeigen, dass wir bei jedem Austausch unbewusst Signale über unsere inneren Zustände und unsere Glaubwürdigkeit ausstrahlen, und dass das limbische System genauso unbewusst solche Signale registriert und bewertet.[63] Der erste Eindruck von Coach und Coachee entscheidet über Sympathie und Vertrauenswürdigkeit. Über Blick und Länge des Blickkontakts, Augen- und Mundwinkelstellung, Gestik,

Schulter- und Körperhaltung, Stimme, Sprachmelodie und Sprachführung findet die nicht-verbale Kommunikation statt.[64]

Aktiv sind die obere Furche des Temporallappens (Sulcus temporalis superior) und eine Windung im unteren Temporal- und Occipitallappen (Gyrus fusiformis), die über Identität und Aussehen eines Gesichtes informieren.[65] Über diese Botschaften wird die Amygdala aktiv, die dann Auskunft über die Glaubwürdigkeit des Gegenübers gibt, während der Nucleus accumbens eher das Positive im Ausdruck der Mimik erfasst. Der erste Eindruck beeinflusst unsere Bewertungen des Gegenübers und unsere Verhaltensweisen und bedarf genauer Überprüfung, um Fehlbewertungen vorzubeugen. Aufrichtigkeit und Glaubwürdigkeit steuern über das limbische System das Verhalten.[66] Ein Coach mit positiver Stimmung vor einem Coaching hat einen Einfluss auf die Interaktion mit dem Coachee.[67] Eine Studie von Ianiro, Lehmann-Willenbrock und Kauffeld beweist, dass dominant-freundliches Verhalten des Coachs ein ebensolches Verhalten beim Coachee erzeugt und dies wiederum mit einer höheren Zielerreichung für den Coachee verbunden ist.[68]

Wenngleich Coaches Auswirkungen ihrer Interventionen ahnen können, bleibt dennoch offen, was genau beim Coachee wirkt. Letzterer entscheidet, ob und wann ein Ziel erreicht ist, die Folgen einer Veränderung akzeptabel sind und welche Ressourcen zur Zielerreichung genutzt werden. Das bedeutet, dass jeder Mensch die Ereignisse und Dinge um sich herum aus seiner Sicht betrachtet und rekonstruiert. In Verknüpfung mit seinen eigenen Emotionen entsteht so die eigene Wahrheit. Eine objektive Wirklichkeit gibt es nicht. Es wird niemals zwei Menschen geben, die zugleich auf die gleiche Art und Weise das Gleiche erleben.

Die Wirklichkeit entsteht im Auge des Betrachters. Diese Grundhaltung findet sich im konstruktivistischen Denken wieder, die häufig eine Grundlage der Coaching-Haltung ist.[69] Der neurobiologische Konstruktivismus betrachtet Wirklichkeit als das Resultat von Konstruktionsleistungen unseres Gehirns, eingehende Reize und Signale qualitativ zu deuten. Das bedeutet, dass aus ins Gehirn eingehenden quantitativen Reizen wahrgenommene Qualitäten entstehen. Dieser Ansatz geht auf den Physiker und Physiologen Hermann von Helmholtz und den Psychologen Jean Piaget zurück.[70]

Es gibt eine starke Korrelation zwischen Beziehung und Effektivität im Coaching - je besser die Beziehung zwischen Coach und Coachee ist, umso besser ist das Endergebnis. Der Psychotherapieforscher Klaus Grawe stellte 1998 heraus, dass die Qualität der Beziehung zwischen Patient und Psychotherapeut, auch „therapeutische Allianz" genannt, wesentlich zu Therapieverlauf und -ergebnis beiträgt. Er beschreibt vier Wirkfaktoren zwischen Patient und Therapeut: die motivationale Klärung, Problembewältigung, Ressourcenaktivierung und Problemaktualisierung.[71] Ryba und Roth greifen diese Grundannahme auf und beschreiben, dass oft der wichtigste Wirkungsfaktor im Coaching das Vertrauensverhältnis mit Ausrichtung auf Emotionen, Bindung und Empathie ist.[72]

Für Coaching wird häufig auch der Begriff „Arbeitsbündnis" nach Bordin verwendet. Er umschließt drei Komponenten: Die Übereinkunft hinsichtlich der gewünschten Beratungsziele, die Übereinkunft, wie diese Ziele erreicht werden sollen und die Entwicklung einer persönlichen Bindung.[73] Hierdurch kommt es zu einem „Neulernen", das „durch das Arbeitsbündnis und die damit verbundene Ausschüttung von Oxytocin und in Folge von Serotonin und endogenen Opioiden bei gleichzeitiger Senkung der Stresshormone unterstützt" wird.[74] Bei diesen Vorgängen werden im Striatum neue Nervenzellen gebildet, die vermutlich beim Ausbilden neuer Muster und deren Zugriff auf Hirnareale, die unser Verhalten bewerten und steuern, beteiligt sind.[75]

Zusammenfassend lässt sich festhalten, dass Informationen über die konkrete Ausgestaltung des Beziehungsprozesses noch nicht vorliegen.[76] Vergleichsstudien bestätigen jedoch, dass der positive Effekt von Psychotherapien zu 50% auf eine emotional-vertrauensvolle Beziehung zwischen Patient und Therapeut zurückzuführen ist.[77] Die Praxis zeigt, dass nicht allein die Anwendung von Coaching-Techniken zum Erfolg eines Coachings beiträgt und es nicht um die ausschließlich kognitiven und gesprächsorientierten Angebote an Coachees geht.[78] Wichtig ist, dass der Coach die Art des Denkens bereitstellt, die für die Entdeckung einer neuen Idee z. B. in Form eines Aha-Erlebnisses benötigt wird. Dies muss zum richtigen Zeitpunkt und im richtigen Kontext geschehen. Um das zu gewährleisten, muss untersucht werden, auf welche Weise die Strategien und Interventionen die Denkweise beeinflussen.[79]

4.2   Möglichkeiten und Grenzen der Veränderung

Die Fähigkeit, sich selbst zu verstehen und sich selbst zu reflektieren stößt an Grenzen, die das Vorbewusste setzt. Was wir erfahren können, ist das, was unser Vorbewusstsein unserem Bewusstsein als Deutungsmaterial zur Verfügung stellt. „Dieses Vorbewusste umfasst alle Inhalte, die einmal bewusst waren und aktuell zwar unbewusst sind, oft aber schnell und zum Teil gezielt ins Bewusstsein geholt werden können, zum Beispiel durch aktives Erinnern oder aufgrund bestimmter Hinweisreize."[80] Es ist auch der Ort des intuitiven Problemlösens.[81]

Aus dem Vorbewussten können wir besonders dann Inhalte im Gedächtnis abrufen, je bedeutender sie einmal waren und je höher die damit verbundene Aufmerksamkeit und emotionale Erregung war.[82] Nun ist es jedoch so, dass ein Coachee ins Coaching kommt, weil er eine Lösung für seine Herausforderung alleine bisher nicht gefunden hat, an seine Grenze gestoßen ist und externe Hilfe benötigt. Wie beschrieben kommt hier der Persönlichkeit und Kompetenz des Coachs eine besondere Bedeutung zu. Ein gut ausgebildeter Coach gestaltet den Erkennensprozess, indem er durch Interventionen den Blick des Coachees auf dessen Verhaltensweisen und deren Beeinflussbarkeit wieder öffnet. Wichtig für den Coach ist es, zu berücksichtigen, dass menschliches Erleben und Verhalten maßgeblich durch unbewusste und vorbewusst-intuitive Prozesse bestimmt wird.[83]

Roth verdeutlicht im neurobiologischen **Vier-Ebenen-Modell** u. a. die Veränderbarkeit der Persönlichkeit:

Die **1. Ebene** ist die untere limbische Ebene, die vegetativ-affektive Ebene, das sog. Temperament. Sie zeigt angeborene Verhaltensmuster und hat den stärksten Einfluss auf unser Tun, ist jedoch am wenigsten veränderbar.

Die **2. Ebene** ist die mittlere limbische Ebene, die Ebene der emotionalen Konditionierung, die sich in der frühen Kindheit ausbildet. Das Ansprechen individuell-emotionaler Motive kann hier zu einer Veränderung führen.

Die **3. Ebene** beschreibt die obere limbische Ebene, die sich in der späten Kindheit und Jugend ausbildet. Im Wesentlichen kann auf diese sozial-emotionale Ebene durch soziale Interaktion und Kommunikation Einfluss genommen werden.

Die **4. Ebene** ist die kognitiv-sprachlich-rationale Ebene, die für die bewusste Steuerung unseres Denkens und Verhaltens in Verbindung mit den anderen Ebenen zuständig ist.[84]

Die erste und zweite limbische Ebene repräsentieren gemeinsam das Unbewusste im Umgang mit uns selbst und unserer Umwelt. Frühkindliche psychosoziale Erfahrungen fließen hier ebenso hinein wie eine frühe Bindungserfahrung an die Mutter.[85]

Aus dem 4-Ebenen Modell der Persönlichkeit lässt sich ableiten, dass ein Coach, der die tiefen limbischen Ebenen seines Coachees erreicht, die Grundlage dafür schafft, verborgene Muster aufzudecken.

Ebene	Funktionen	Entwicklung
Untere limbische Ebene *(primär unbewusst)* limbisch-vegetative Grundachse	biologische Funktion, basale affektive Erlebens- und Verhaltensweisen, Temperament	genetische oder epigenetisch-vorgeburtliche Einflüsse; nur wenig beeinflussbar
Mittlere limbische Ebene *(sekundär unbewusst, d.h. nicht erinnerungsfähig aufgrund der infantilen Amnesie)* Amygdala, mesolimbisches System	unbewusste Grundlage der Persönlichkeit (emotionale Prägung)	erste drei Lebensjahre; frühkindliche (Bindungs-) Erfahrungen; nur über starke emotionale Einwirkungen veränderbar
Obere limbische Ebene *(bewusst; kann ins tiefe Vorbewusste absinken)* limbische Areale der Großhirnrinde	Einbettung der Kernpersönlichkeit in die soziale Welt	Die Entwicklung beginnt mit ca. vier Jahren und ist frühestens im Alter von 18 bis 20 Jahren ausgereift; ist nur sozial-emotional veränderbar
Kognitiv-sprachliche Ebene *(bewusst; kann ins Vorbewusste absinken)* linke Großhirnrinde	rationaler Ratgeber (Ratgeber ist nicht Akteur; hat nur geringen Einfluss!)	Die Entwicklung beginnt mit ca. drei Jahren und verändert sich ein Leben lang

Abb. 8: Vier-Ebenen-Modell von Psyche und Persönlichkeit

Der Coach befähigt den Coachee aus der Vergangenheit heraus die Gegenwart und das zu verändernde Problem zu verstehen, sodass sich ein neues zukunftsorientiertes Verhalten beim Coachee ausbilden kann. Durch die Förderung der Selbsthilfekompetenz werden neue Möglichkeiten der Persönlichkeitsentwicklung geschaffen.[86] Coaches können Coachees, die von sich aus keinen Sinn in einer Veränderung sehen, nachhaltig nicht in eine bestimmte Richtung verändern.

Diese Grenze kann nur überschritten werden, wenn der Gewinn einer Veränderung für den Coachee sinnvoller und größer ist, als der Preis, der für die Veränderung gezahlt wird. [87]

Auch Coaches können an ihre Grenzen stoßen. Die eigene persönliche Grenze wahrzunehmen ist unabdingbar für professionelles Handeln.

In der Theorie U von Scharmer geht es um einen bewusstseinsbildenden Prozess und die Frage nach dem strategischen Hebelpunkt, dem „archimedische[n] Punkt", der Veränderung ermöglicht.[88] Es geht um das Lernen aus der Vergangenheit mit dem Blick auf die im Entstehen begriffene Zukunft.[89]

Dieser Wendepunkt ist in der Theorie U die Phase des „Presencing", des Gegenwärtigwerdens: die innere Aufmerksamkeitsstruktur, von der aus gehandelt wird, wird verändert, die höchste Zukunftsmöglichkeit wird wahrgenommen, und daraus werden Handlungsstrategien für die Gegenwart abgeleitet.[90]

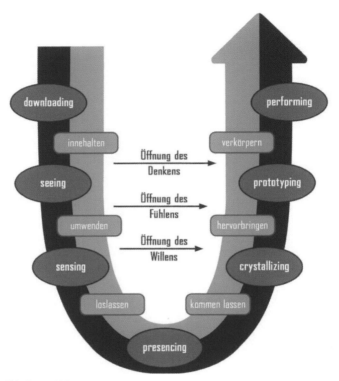

Abb. 9: Der U-Prozess

Voraussetzung ist, dass der Einzelne oder die Gruppe die Fähigkeit besitzt, den bisherigen Aufmerksamkeitsfokus zu verändern.

Der Wille und die Absicht zur Veränderung müssen gegeben sein. Am Wendepunkt, dem Moment zwischen dem Loslassen der Vergangenheit und dem Aufbauen der Zukunft ist eine Leere zwischengeschaltet. Scharmer spricht von dem Nichts, der leeren Leinwand, einem Zustand, in dem zwei Ängste im Individuum oder einer Organisation miteinander ringen: die Angst vor dem unbekannten Neuen und die Angst vor existenzieller Bedrohung, wenn das System die Muster der Vergangenheit beibehält.[91]

Hier ist dann die Kompetenz des Beraters gefragt, das angstfreie Gestalten einer gewünschten Zukunftsvision zu unterstützen. Placebo-Studien zeigen, dass ein Mensch, der eine klare Absicht für die Zukunft hat, diese mit einer stärkeren Emotion verbindet.[92] Der Glaube an die eigene Kraft unterstützt das Lösen von Problemen. Insbesondere ist hierbei das limbische System in Verbindung mit den Abläufen zum Gedächtnis und zur Merkfähigkeit aktiv.[93]

Scharmers Theorie U lässt sich auch auf Coachingprozesse übertragen, um konstruktive neue Lösungen zu schaffen. In diesem Kontext beschreibt Senge, dass eine tiefere Ebene der Aufmerksamkeit zu aktivieren ist, die es ermöglicht, aus der Erfahrung der Vergangenheit herauszutreten und über das Denken hinaus zu empfinden.[94]

Chlopczik widmet sich 2015 in einer qualitativen Studie dem magischen Moment in der Prozessberatung und der damit verbundenen Möglichkeit zur Veränderung. In narrativen Interviews mit praxiserfahrenen Organisationsberatern untersucht sie die Dreh- und Angelpunkte in Veränderungsprozessen und verknüpft sie mit der „Theorie U" von Scharmer.[95] Das Datenmaterial der mit qualitativen Methoden durchgeführten empirischen Untersuchung wurde nach der Grounded

Theory Methodology (GTM), Grundlage qualitativer Sozialforschung, ausgewertet. Chlopczik geht davon aus, dass die Begleitpersonen von Veränderungsprozessen in Organisationen Bedingungen dafür schaffen, dass „Kippmomente" geschehen und wirksam werden können.[96]

Der Psychotherapeut Renn ermöglicht seinen Klienten eine Persönlichkeitsentfaltung im Rahmen einer Focusing-Therapie, bei der das achtsame Wahrnehmen des körperlichen Erlebens im Vordergrund steht. Renn beschreibt, dass ein magischer Moment das Denken, Fühlen und Spüren des Menschen beteiligt und im körperlichen Wahrnehmen zwischen dem Bewussten und Unbewussten liegt.[97] Körperorientierte Methoden wie z. B. das Focusing bieten dem Coach ergänzende Möglichkeiten, sich bzgl. der Körpersignale des Coachees zu sensibilisieren und diese gezielt in den Prozess einzubinden.[98]

Nowak und Neubert-Liehm erleben in Organisationsentwicklungsprojekten solche Magic Moments z. B. als „ein Ereignis, eine Stimmung, einen Augenblick, welcher von allen Beteiligten zugleich inhaltlich und gruppendynamisch als besonders positiv, bindungsintensiv und nachhaltig erlebt wird. Er erzeugt ein von allen getragenes kollektives Empfinden und ist weder exakt planbar noch beliebig wieder herstellbar."[99] Sie beschreiben, dass bei Magic Moments unbewusste emotionale Prozesse in das aktuelle Erleben mit einfließen und die Beratungsperson durch Irritation des Systems solche Momente auslösen kann.[100]

Allen gemeinsam ist, dass Veränderung dann gelingen kann, wenn sich der Coachee oder die Menschen einer Organisation auf den Prozess einlassen.

5. Die neurowissenschaftliche Forschung zum Aha-Moment

In den frühen 1990er Jahren setzten sich Neurowissenschaftler mit dem Gedanken auseinander, mit bildgebenden Verfahren die Aktivitäten im Gehirn zu untersuchen. Im Interesse stand zunehmend die Analyse von geistigen Fähigkeiten, Entscheidungsfindung, Problemlösung und Einsicht. Nachgewiesen ist zum heutigen Zeitpunkt, dass bestimmte Aktivierungsmuster im Gehirn mit bestimmten Gedanken und Emotionen verknüpft sind.[101] Ebenso kann belegt werden, dass sich das Nervensystem umso stärker an die Anforderungen anpasst, je stärker und herausfordernder ein Reiz ist. Gemeint ist hiermit, dass sich durch Neuroplastizität die Fähigkeit und Schnelligkeit in der Problemlösung verbessert und erfolgreiche Lösungsstrategien gefunden werden können.[102] Neuroplastizität beschreibt die Fähigkeit des Gehirns, sich hinsichtlich der Optimierung von Prozessen den Anforderungen entsprechend zu verändern. Beteiligt sind Synapsen, Nervenzellen oder auch ganze Hirnareale.[103]

Im Folgenden werden zwei Untersuchungsmethoden dargestellt, mit denen die Aktivitäten des Gehirns aufgezeichnet und Rückschlüsse auf Lernvorgänge gezogen werden können. Die Verfahren verdeutlichen, wie wir denken, fühlen, wahrnehmen, erinnern und Einsicht erleben.[104] Anschließend werden dann Experimente unter Nutzung dieser Methoden vorgestellt und erklärt, die den eigentlichen Moment des Aha-Erlebnisses untersuchen, den Augenblick im Gehirn also, in dem ein Problem durch eine plötzliche Erkenntnis gelöst wird.

5.1 Untersuchungsverfahren

5.1.1 Elektroenzephalographie (EEG)

Die Elektroenzephalographie (EEG) ist eine nicht-invasive und außen am Schädel ansetzende Untersuchungsmethode. Elektroden, die an der Kopfhaut befestigt sind, leiten Spannungsschwankungen an der Kopfoberfläche ab, die von einem Elektroenzephalogramm als Zickzacklinien aufgezeichnet werden. Durch eine hohe zeitliche Auflösung werden Veränderungen in der elektrischen Gehirnaktivität sichtbar. Reaktionen auf eine Überraschung oder eine plötzliche Einsicht verändern die neuronale Aktivität ebenso wie die Reaktion des Cortex auf diese Ereignisse. So kann nachgewiesen werden, wann ein Ereignis im Gehirn eintritt.[105]

5.1.2 Funktionelle Magnetresonanztomografie (fMRT)

Auch die funktionelle Magnetresonanztomografie (fMRT) ist ein nicht-invasives Verfahren. Mit diesem bildgebenden Verfahren ist es möglich, die Struktur des Gehirns und seine physiologischen Funktionen darzustellen. Anders als beim EEG kann mit dem fMRT der Ort der Gehirnaktivität mit hoher räumlicher Auflösung gescannt werden. Bei einem fMRT-Experiment liegt der Proband in einer Röhre, in der durch ein starkes Magnetfeld Signale erzeugt werden. Während der Proband kognitive Leistungen erbringt, werden die damit einhergehenden Durchblutungsunterschiede der Hirnregionen bildlich festgehalten. Ein Scanner misst anhand der magnetischen Eigenschaften des eisenreichen Hämoglobins im

Blut die Blutmenge, die in jedem Gehirnareal fließt. Im Magnettomographen wird der Anstieg der Durchblutung des aktivierten Areals durch den so genannten BOLD-Effekt (Blood Oxygen Level Dependent) sichtbar, da sauerstoffreiches Blut andere magnetische Eigenschaften aufweist als sauerstoffarmes Blut. So kann eine dreidimensionale Karte des Gehirns erstellt werden.[106] Letztendlich können durch sich anschließende Analyseverfahren Aussagen zur kognitiven Verarbeitung gemacht werden.

5.2   Textverfahren zur Messung von Einsicht

5.2.1   Remote Association Test (RAT)

Der Remote Association Test (RAT) wurde in den 1960er-Jahren durch den Psychologen Sarnoff Mednick entwickelt und gilt immer noch als geeignetes Instrument zur Messung von Kreativität und Einsicht.[107] In diesem Testverfahren werden Probanden Wortgruppen aus drei Wörtern gegeben, zu denen sie aufgefordert werden, ein gemeinsames Wort, das mit allen drei Wörtern assoziiert werden kann, zu finden. Die Teilnehmer werden gebeten, umgehend zu antworten, sobald ihnen die Lösung eingefallen ist. Auf die Wortgruppe

„Hütte – Schweiz – Kuchen"

lautet die Antwort beispielsweise „Käse": „Hüttenkäse – Schweizer Käse – Käsekuchen".[108] Durch EEG- und fMRT-Messung, zwei sich ergänzende Techniken, kann dann festgehalten werden, zu welchem Zeitpunkt und in welchen Hirnarealen die Aktivität der Problemlösung stattfindet.

Um Einsichtslösungen und analytische Lösungen miteinander zu vergleichen, wurden in Studien von Kounios und Beeman die Teilnehmer im Anschluss an den RAT gefragt, wie sie die Lösung gefunden hätten: durch plötzliche Einsicht oder analytische Auswertung potenzieller Lösungen?[109] So konnte die Gehirnaktivität bei der Lösung durch Einsicht mit der Gehirnaktivität bei Lösung durch analytisches Denken verglichen werden.[110]

Im Augenblick der Einsicht sind in der rechten Gehirnhälfte verstärkt EEG-Gamma-Wellen messbar. Eine Minute vorher kommt es jedoch bereits zu einer starken Aktivität von EEG-Alpha-Wellen im rechten Hinterkopf. Alpha-Wellen hemmen bzw. unterdrücken einen Teil des Gehirns, damit diese Region eine Aktivität an anderer Stelle nicht stört. „Kurz vor einer Einsicht schaltet also eine Region im hinteren Teil des Gehirns auf Alpha-Wellen herunter. Dann beginnt der rechte Temporallappen im Gamma-Rhythmus zu feuern, um das Lösungswort, das die Wörter des Remote-Associates-Tests verbindet, zu verkünden. Das ist der Aha-Moment."[111]

Edward Bowden und Marc Beeman untersuchten in mehreren visuellen Halbfeld-Studien ihre Annahme, dass ein Aha-Erlebnis dann stattfindet, wenn die rechte Hemisphäre bereits leicht aktiviert, der Gedanke bzw. das Gefühl jedoch noch nicht im Bewusstsein angekommen ist.[112] Es konnte bewiesen werden, dass, wenn ein viertes Wort als Hinweiswort für die Lösung der rechten Hemisphäre präsentiert wurde, die Probanden die Lösungswörter schneller erkannten, jedoch nur dann, „wenn diese Lösungswörter ein Aha-Erlebnis hervorriefen".[113]

In der Interpretation dieser Studien muss jedoch darauf hingewiesen werden, dass neben dem intuitiven und einsichtsvollen Denken das analytische Denken der linken Gehirnhälfte ebenso wichtig ist. Die rechte Hemisphäre jedoch liefert den Impuls zur kreativen Lösungsfindung.[114]

5.2.2   Neuronale Korrelate des Aha-Moments

Tik und seine Kollegen vom Zentrum für Medizinische Physik und Biomedizinische Technik der Medizinischen Universität Wien haben in Zusammenarbeit mit der Goldsmith University London im April 2018 das Geheimnis des Aha-Moments weiter identifiziert.[115] Den Probanden wurden mit Hilfe des RATs anspruchsvolle Worträtsel vorgelegt. Sobald sie die Lösung des Rätsels gefunden hatten, drückten die Probanden einen Knopf und beschrieben im Anschluss ihren Aha-Moment.[116]

Die Wissenschaftler fanden mit Unterstützung des fMRT heraus, dass bei der Lösung eines Rätsels im Gehirn der stimmungsaufhellende Botenstoff Dopamin verstärkt freigesetzt wird. Dopamin ermöglicht u. a. die Kommunikation zwischen Nucleus accumbens mit unterschiedlichen Hirnregionen, die sich mit wichtigen Funktionen wie Aufmerksamkeit, Emotion und Gedächtnisprozessen befassen.

Die Wissenschaftler konnten den Nucleus accumbens, Teil des dopaminergen Netzwerkes, als zentrale Region für das sogenannte „Aha-Erlebnis" identifizieren.[117] „Unsere Forschungsergebnisse zeigten neben Aktivierung von Arealen der Aufmerksamkeit, Sprachverarbeitung und Gedächtnis eine plötzliche, deutlich verstärkte Aktivierung des Nucleus accumbens, wenn das Lösen des Rätsels mit einem Aha-Erlebnis und somit einem Moment intensiver Freude und Erleichterung einherging."[118] Hieraus wird geschlossen, dass Dopamin neben seiner Funktion als Botenstoff für Belohnungsprozesse auch für zielgerichtetes und motiviertes Herangehen an die Lösung von Problemen erforderlich ist. Dies äußert sich in Lernwillen und Neugier.[119]

Auch Esch beschreibt, dass Dopamin bei kreativen Prozessen und bei der Bewältigung von Herausforderungen vorrangig beteiligt ist und eine neuroplastische Anpassung im Gehirn begünstigt.[120] Dies geschieht durch eine kurzzeitige Instabilität, „damit Veränderungen im Neuronennetzwerk möglich werden."[121] Tik zeigt zudem auf, dass eine durch ein Aha-Erlebnis gefundene Lösung einprägsamer ist und die Speicherung im Langzeitgedächtnis verstärkt und erleichtert. Der Aha-Moment sei mehr als ein bloßes Gefühl der Freude oder Erleichterung, sondern vielmehr ein spezieller Prozess des schnellen Wiederabrufens, Kombinierens und Kodierens.

Die Wissenschaftler wollen in zukünftigen Studien mittels Hirnstimulationsverfahren untersuchen, inwieweit sie bei schweren psychiatrischen Erkrankungen diese Aha-Erlebnisse wieder erlebbar machen können.[122]

6. Neurowissenschaftlicher Kontext

Die Hirnforschung gibt uns neue Antworten auf viele Fragen, die sich mit individuellen Veränderungsprozessen beschäftigen. Coaches kennen das Phänomen, dass Coachees manchmal eher im Problem verharren, anstatt sich dem Neuen zuzuwenden, von dem sie eigentlich selbst wissen, dass es grundsätzlich besser wäre. Alleine die Einsicht in die Notwendigkeit einer Veränderung ist jedoch nicht ausreichend.[123] Wie oben beschrieben, ist der innere Konflikt zwischen dem ungewünschten Vorher und dem gewünschten Nachher der Türöffner für die Erkenntnis, die Veränderung möglich macht. Manchmal bedarf es eines Aha-Momentes, um den innerlich gewollten Schritt auch wirklich umsetzen zu können.[124]

Im Folgenden wird die Funktion der Gehirnsysteme beschrieben, die Menschen in ihrem Handeln und somit auch in ihren Aha-Momenten steuern.

6.1 Das Stressverarbeitungssystem

Im menschlichen Körper gibt es ein System, das auf Schmerzen, Trauer, Belastungen, Verzweiflung etc. reagiert und diese Empfindungen in physiologische Symptome überträgt. Das sogenannte Stressverarbeitungssystem ermöglicht dem Menschen den Umgang mit körperlichen und psychischen Belastungen. Kommt der Einzelne in der Bearbeitung jedoch an seine Grenzen, so sind die Symptome u. a. auch Anlass dafür, ein Coaching für die Lösung seiner Probleme in Anspruch zu nehmen. Werden stressvolle Momente wahrgenommen, so werden diese an den Hypothalamus, die Amygdala (Mandelkern) und den Hippocampus weitergeleitet.[125] Stressreaktionen werden im Gehirn initiiert und wirken über den Körper.

Die Stressreaktion kann über zwei Stresssignalwege erfolgen. Die schnelle Stressreaktion, auch Sympathikus-Nebennierenmark-Achse (SNA) genannt, beeinflusst die Kreislauf- und Organfunktionen und versetzt den Organismus kurzfristig in einen allgemeinen Alarmzustand.[126] Beteiligt sind u. a. das limbische System, Locus coeruleus (blauer Kern), Sympathikus und Nebennierenmark. Initiiert wird die erste schnelle Stressreaktion durch das Hormon Adrenalin im Nebennierenmark und Noradrenalin in seiner Wirkung als Neuromodulator im Locus coeruleus im Hirnstamm.[127] Reaktionsbereitschaft und Aufmerksamkeit werden umgehend aktiviert. Sobald die Amygdala Gefahr signalisiert, sind Flucht oder Angriff vorprogrammiert.

Im Coaching sollte darauf hingewirkt werden, den Umgang des Coachees mit Stress zu analysieren. Resilienz aufzubauen bedeutet in diesem Kontext, in die Entspannung zu gehen und wachsam zu sein, bevor die Amygdala aktiviert wird und dies möglicherweise zu einer ungewollten Überreaktion führt, die der Erreichung der Ziele des Coachees entgegensteht.

Die Hypothalamus-Hypophysen-Nebennieren-Achse (HHNA) ist die langsame Stressreaktion, die den Körper eher lähmt als in Bewegung bringt. Sie unterdrückt über das Neuropeptid Corticotropin-freisetzender Faktor (CRF, oft auch CRH genannt) das Erkundungsverhalten und erhöht die Wachsamkeit. Bei chronischem Stress kommt es zu einer andauernden Überproduktion von CRF in Zellen des Hypothalamus. CRF wandert zum Vorderlappen der Hirnanhangsdrüse (Hypophyse) und ermöglicht dort die Produktion und Freisetzung des Adrenocorticotropen Hormons (ACTH).[128] ACTH wandert im weiteren Verlauf über die Blutbahn zur Nebennierenrinde, wo es die Bildung von Glucocorticoiden, überwiegend Cortisol, anregt.

Die Wirkung von Cortisol ist vielfältig. Zum einen wird über eine Erhöhung des Glucose- und Fettsäurespiegels im Blut der Stoffwechsel aktiviert, der dem Körper eine Leistungssteigerung ermöglicht. Zum anderen wirkt Cortisol entzündungshemmend und unterdrückend auf das Immunsystem. In zu hohen Dosen kann es jedoch zu einer gefährlichen Schwächung der Immunabwehr des Körpers führen.[129]

Starker Stress mobilisiert die Hirnregionen, die Verhaltensweisen wie z. B. Flucht, Abwehr oder Kampf auslösen. Chronischer Stress hat Konsequenzen, die sich durch Schlaflosigkeit, Überreiztheit, Depression, Vergesslichkeit, Magen- und Kopfschmerzen und starkes Absinken der sexuellen Aktivität äußern. Es besteht ein physischer und psychischer Leistungsabfall. Dauerhafter negativer Stress kann eine Degeneration im Hippocampus im Sinne einer Verschlechterung der Lernfunktion und der Gedächtnisbildung zur Folge haben.[130] Im präfrontalen Cortex kommt es zu einer Verschlechterung der Emotionskontrolle und -regulation, des Arbeitsgedächtnisses und der geistigen Fähigkeiten, die das menschliche Denken und Handeln steuern. Die Amygdala reagiert mit zunehmender Ängstlichkeit bzw. zunehmendem Angsterleben und der oben beschriebenen Alarmbereitschaft.[131] Leichter Stress ist hingegen notwendig, um Menschen zu befähigen, sich mit

Problemen auseinanderzusetzen und sich für deren Bewältigung zu rüsten. Grundsätzlich spricht man beim Verlauf der Stressreaktion von einer „umgekehrten U-Form", d. h., dass starker Stress negative und leichter Stress positive Wirkung hat.[132] Robert Yerkes und John Dodson haben bereits 1908 erkannt, dass sich leichter und adäquater Stress gut anfühlen kann und eine positive Motivation auslöst.[133]

Auch der Wille zur Veränderung kann zu Stress führen, wenn der Weg zur Veränderung nicht erkannt wird. In Coachingprozessen wird beim Coachee darauf hingearbeitet, Entspannung und Achtsamkeit in den Fokus zu rücken, um in entspannter Gefühlslage das eigene Thema aus anderer Perspektive betrachten zu können.

So kann durch die Reduzierung der stressbedingten Aufregung die gleichzeitige Ausschüttung von endogenen Opioiden sowie die Produktion des Neuromodulators Serotonin bewirkt werden. Letzter bewirkt beim Menschen eine Dämpfung und Beruhigung und fördert die Unterdrückung von voreiligen Handlungsimpulsen. Das sogenannte interne Beruhigungssystem funktioniert umso besser, je erfolgreicher das Stressverarbeitungssystem entwickelt ist.[134] Auch hier ist erneut der Zusammenhang zum Aha-Moment erkennbar, der eng mit einer gelassenen und entspannten Haltung verknüpft ist, wenn das Eintreten des Aha-Moments beispielsweise durch Fixierungsvergessen gefördert wird.[135]

6.2   Das Emotionssystem

Emotionen sind allgegenwärtig und werden seit langem wissenschaftlich erforscht. Konsens ist zum gegenwärtigen Zeitpunkt, dass Emotionen Reaktionen sind, die durch spezifische Reize ausgelöst werden. Zum einen nehmen wir reale Reize wie z. B. eine Spinne oder einen Angreifer wahr, zum anderen können wir in Flashbacks Reize aus unserem Gedächtnis abrufen.[136]

Unabhängig davon, was wir entscheiden, werden wir in unseren Handlungen von Emotionen beeinflusst. Demzufolge gibt es keine rationalen Entscheidungen; unser Gehirn ist ein soziales Gehirn. Auch körperliche Reaktionen in Verbindung mit Emotionen sind nachweisbar. Der Anblick einer giftigen Schlange erhöht zum Beispiel die Herzfrequenz und den Blutdruck. Hierüber erhalten die Muskeln eine gesteigerte Energieversorgung, und die Aufmerksamkeit wird automatisch auf die Bedrohung durch die Schlange gerichtet. Die spürbare Furcht erhöht die Überlebenschance des Menschen, da Flucht und auch Kampf oder Erstarren als Reaktionen ausgelöst werden.

Diese und ähnliche Erfahrungen speichert das Gedächtnis und sensibilisiert den Menschen dafür, seine Umwelt aufmerksamer zu beobachten, um Gefahren wie z. B. die Schlange zu meiden.[137] Mit Stimulationsstudien konnte bewiesen werden, dass sich Emotionen im Gehirn auslösen lassen.[138]

Neurowissenschaftler betrachten Emotionen als biologische Funktionen des Nervensystems, die sich im Laufe der Evolution herausgebildet haben. Durch Metaanalysen bildgebender

Studien ist bewiesen, dass Emotionen nicht an einem bestimmten Ort im Gehirn lokalisiert werden können und es somit keine klare Trennung der Emotionen nach Gehirnregionen gibt. Eine Häufung wurde im Bereich des Subkortex, in der Nähe des Nucleus accumbens und der Amygdala festgestellt.[139] Die Amygdala ist das wahrscheinlich bekannteste Areal der Emotionsverarbeitung und des emotionalen Lernens und steuert die vegetativen Reaktionen. Verliebte haben Schmetterlinge im Bauch, manche Menschen reagieren vor Prüfungen mit Angstschweißausbrüchen, und vor Freude wird manchmal geweint.

Der Hirnforscher Antonio Damasio spricht in diesem Zusammenhang von körperlich erfahrbaren somatischen Markern, denen die Hypothese, dass das Gefühl in das Denken eingebunden ist und das Denken eher fördert als stört, zugrunde liegt.[140] Emotionale Ereignisse und Emotionen verankern sich in unserem Gedächtnis und bilden ein internes Bewertungssystem, das unsere kognitiven Prozesse beeinflusst. Alles, was wir erleben, hat eine Wirkung.[141] Auch reagiert die Amygdala auf Gerüche (z. B. Pheromone), emotional aufgeladene Wörter (z. B. „Verbrechen" oder „Liebe") und steuert das Furcht-, Vermeidungs- und Stressverhalten. Als ein Teil des limbischen Systems ist sie mit vielen anderen Arealen des Gehirns verbunden.

Probanden, die in einem Hirnscanner lagen, wurden zwei Fotos mit jeweils einem Augenpaar auf schwarzem Hintergrund gezeigt. Ein Foto zeigte weit aufgerissene Augen einer eher ängstlich-erschrockenen Person, das andere durch ein Lächeln verengte Augen. Die Fotos wurden weniger als zwei

Hundertstelsekunden gezeigt und durch „visuelles Rauschen" maskiert, sodass keine Testperson die Bilder bewusst wahrnehmen konnte. Dennoch wusste ein Areal des Gehirns, dass eins der Fotos bedrohlich wirkte. Der Hirnscan zeigte eine starke Amygdalaaktivität, was darauf hindeutet, dass durch die Amygdala das Bedrohungssystem angesprochen wird. Wenn das Bedrohungssystem aktiviert ist, werden negative Emotionen erzeugt und Stresshormone wie z. B. Cortisol ausgeschüttet. Vermutlich ist dies der Ablauf, der seit Urzeiten die Entscheidung zwischen Flucht oder Angriff steuert.[142] Auch schematisch wütende Gesichter wurden in Experimenten schneller verarbeitet als schematisch zufriedene Gesichter. Es scheint, als besitze der Mensch einen Mechanismus, der auf schlechte Nachrichten schneller reagiert als auf gute, zumal ein vergleichbarer schneller Mechanismus im Erkennen guter Nachrichten noch nicht entdeckt wurde.[143]

Vermutlich gibt es eine Dominanz des Negativen, die erst einmal stärker ist als eine positive Sichtweise. Unser Gehirn gibt negativen Reizen den Vorrang.[144] Wissenschaftlich bewiesen ist, dass wir das Gute oder Schlechte fühlen, bevor das Bewusstsein den Vorgang im präfrontalen Cortex verarbeitet hat. Das bedeutet, dass die Amygdala nicht nur Gefühle und körperliche Antworten reguliert, sondern auch emotionale Einflüsse auf die Aufmerksamkeit und Wahrnehmung ausübt.[145] Dies ist für Coachingprozesse von besonderer Bedeutung. Coachees, die jeden Tag die gleichen negativen Emotionen manifestieren und diese emotionalen Denkweisen in den Körper einprogrammieren, sehen das Leben durch die Optik der Vergangenheit. Der Coach hat die Verantwortung, in der

Würdigung des Negativen und der häufig damit verbundenen Erfahrungen des Coachees, dessen Muster aufzuspüren, um im weiteren Vorgehen die Kreativität in der Lösungsfindung zu mobilisieren. Die Sichtweise auf die Zukunft und damit verbunden auf die positiven Emotionen und Entwicklungsmöglichkeiten zu lenken ebnet erneut den Weg für mögliche Aha-Momente. Der Hirnforscher LeDoux sagte einmal: „Emotionen sind mächtige Motivatoren zukünftigen Handelns."[146]

So wie der Mensch sich selbst über seinen Körper spüren und verstehen kann, so ist es ihm auch möglich, an den körperlichen Reaktionen seines Gegenübers zu erkennen, wie es dem anderen geht. Niedergeschlagen hat sich das in vielen Redewendungen: Vor Wut kochen, wenn jemand sehr wütend ist; Grinsen wie ein Honigkuchenpferd, wenn wir Freude zeigen; Bäume ausreißen können, wenn sich jemand stark und mutig fühlt. Auf die Körpersprache des Coachees sensibel zu reagieren gehört zur Kompetenz eines Coachs und fördert die Lösungsfindung in Coachingprozessen.

6.3 Das Belohnungssystem

Wie die Studie von Tik u. a. zeigt, ist der Nucleus accumbens die zentrale Region für den Aha-Moment und Dopamin der zentrale Botenstoff, der die Problemlösung und motiviertes und zielgerichtetes Handeln steuert.[147] Sowohl der Nucleus accumbens als auch das Dopamin gehören zum neuronalen Belohnungssystem. Um Belohnung zu erkennen und zu registrieren, sind folgende Hirnstrukturen beteiligt: Das ventrale tegmentale Areal (VTA) des Mittelhirns, das dorsale Striatum, der Nucleus accumbens im ventralen Striatum, der anteriore cinguläre Cortex (ACC) und der orbitofrontale Cortex (OFC).[148] Das Belohnungssystem ist im mesolimbischen System, einem Teil des zentralen Nervensystems verankert. In diesem System werden hirneigene endogene Opioide und Cannabinoide (Belohnungsstoffe) wirksam.

Insbesondere kommt dem Neurotransmitter Dopamin eine besondere Bedeutung zu.[149] Dopamin wird hauptsächlich in der Substantia nigra und im ventralen tegmentalen Areal gebildet und löst bei Ausschüttung im Gehirn Belohnungserwartungen und Glücksgefühle aus. Dopamin gehört zur Gruppe der Catecholamine und spielt bei jeglicher Form der Motivation, bei Motorik, Emotion und kognitiven Prozessen eine besondere Rolle und beeinflusst somit unser Verhalten.[150] Das mesolimbische System beherbergt neben dem Belohnungssystem auch das System, das die positiven Konsequenzen unserer Aktivitäten oder unserer Erlebnisse registriert. Es speichert positive Erfahrungen und ist somit Motivator, das zu tun, was schon einmal erfolgreich durchgeführt wurde, und die Handlungen zu unterlassen, die in der Erinnerung mit Schmerz und Unlust verbunden werden. Dies wird durch den Neurotransmitter Dopamin gesteuert, der auch das Lernen begünstigt.[151]

Eine fMRT-Studie von Wittmann u. a. verdeutlicht eine Korrelation der Aktivität des Dopaminsystems während des Lernens mit der späteren Erinnerungsleistung.[152]

Lust und Unlust, Gewinn und Verlust, Erfolg und Misserfolg motivieren zum Handeln. Motivationsgrundlage ist zum einen eine Hin-zu-Strategie, das Verhalten auf ein Ziel gerichtet, gleichbedeutend mit dem Streben nach Positivem (Appetenz), oder eine Weg-von-Strategie, von etwas Abstand nehmend, gleichbedeutend mit dem Vermeiden von Negativem (Aversion).[153]

Esch beschreibt im Motivations- oder Belohnungskreislauf die Bereiche Motivation, Verhalten (Handlung) und Belohnung. Am Beginn steht eine Idee, die über die Phase der Abwägung in eine Entscheidung mündet, die wiederum das Verhalten auslöst und zu einer Überwachung und Bewertung führt. Da es sich um einen Kreislauf handelt, werden auch alle Bereiche direkt oder indirekt in Wechselwirkung miteinander beeinflusst.[154] Das Prinzip des Kreislaufs beinhaltet, dass z. B. therapeutische Interventionen an jeder Stelle des Prozesses eingesetzt werden können.

Bei zielgerichteter Aufmerksamkeit des Coachs spüren Coachees Sicherheit und Zutrauen. Das Erreichen von Zielen, das Finden von Lösungen, die Förderung von Kreativität gehen umso leichter, je entspannter die Coachees sind. Grundsätzlich geht es bei Veränderung und Motivation jedoch in erster Linie um das Wollen.[155]

Besonders intensiv reagiert das Belohnungssystem auf positive Überraschungen und vertrauensvolle Beziehungen. Dies ist in der Coach-Coachee-Beziehung von elementarer Bedeutung. Wie oben beschrieben ist die sogenannte Therapeutische Allianz, geprägt durch Vertrauen, Engagement und gegenseitigem Respekt, eine Grundvoraussetzung für das Gelingen des Coachingprozesses.[156] Ein Coach sollte Anreize schaffen, die im Coachee eine zusätzliche Vorfreude auf das gewünschte Ziel auslösen. Veränderungsbereitschaft und darüber hinaus die Kreativität werden gesteigert, d. h., dass hemmende Mechanismen gelockert werden. Wissenschaftlich ist erwiesen, dass besonders kreative Menschen eine geringe Dichte an hemmend wirkenden D2-Rezeptoren in thalamischen Kernen aufweisen und somit umso intensiver ihren Einfallsreichtum ausleben können.[157] Hieraus lässt sich ableiten, dass es auch die Aufgabe des Coachs ist, diese Kreativität zu fördern und zu ermöglichen, denn je kreativer wir sind, umso mehr Raum schaffen wir für den Aha-Moment.

6.4   Das Gedächtnissystem

Die Themen Gedächtnis und Erinnerung werden von vielen Wissenschaftlern mit unterschiedlichsten Methoden erforscht. Diese Wissenschaftler suchen nach Erklärungen, wie unser Gedächtnis funktioniert. Bildgebende Verfahren wie z. B. die Positronen-Emissions-Tomographie (PET) ermöglichen es, die Aktivität des Gehirns sowohl räumlich als auch zeitlich zu verfolgen, genaue Karten für die Lokalisation von Funktionen wie Bewegung, Sehen, Hören oder Sprechen zu erstellen. Die PET ermöglicht es jedoch nicht, kognitive Prozesse zu erfassen.[158]

Das Gedächtnis umfasst das Einprägen von Erfahrungen, das Behalten, Wiedererkennen und Erinnern. In seiner zeitlichen Organisation betrachtet setzt sich das Gedächtnis aus unterschiedlichen Formen zusammen, beginnend mit dem Ultrakurzzeitgedächtnis. Dieser stimulusspezifische sensorische Speicher nimmt Reize auf und kann diese circa ein bis zwei Sekunden lang erinnern. Das soeben Erlebte kann unmittelbar mitgeteilt werden. Auch findet eine Verknüpfung mit anderen Reizen oder inneren Zuständen statt. Das Kurzzeitgedächtnis speichert Lerninhalte maximal wenige Minuten und nicht dauerhaft. Dieser Teil des Gedächtnisses ist ein Zwischenspeicher für Informationen, die zur weiteren Bearbeitung zur Verfügung gestellt werden können. Ihm zugeordnet wird auch das Arbeitsgedächtnis. Dort werden die aktuell verfügbaren Informationen und Such- und Entscheidungsstrategien während der Bearbeitung einer Aufgabe bereitgehalten. Über das intermediäre Gedächtnis werden Sequenzen des Kurzzeit- und Arbeitsgedächtnisses ins Langzeitgedächtnis übertragen. Nach derzeitigen wissenschaftlichen Erkenntnissen geschieht dies überwiegend während des Schlafens. Alles, was wir bisher erlebt und gelernt haben, findet sich im Langzeitgedächtnis wieder. Es findet hier eine Speicherung von Informationen über Tage, Monate oder ein ganzes Leben statt. Es ist weniger störanfällig und besitzt eine nicht messbare Speicherkapazität.[159]

Von der inhaltlichen Struktur aus betrachtet gibt es verschiedene Arten von Gedächtnis, unterteilt in **zwei Grundtypen**: das deklarative oder explizite (erklärende) und das nicht-deklarative oder implizite (unbewusste) Gedächtnis.

Abb. 10: Gedächtnistypen

Das deklarative Gedächtnis ist das bewusste Gedächtnis, das Inhalte speichert, die bewusst wiedergegeben werden. Es kann weiter unterteilt werden in das episodische oder biografische Gedächtnis, das Ereignisse aus dem persönlichen Leben wie z. B. den ersten Schultag, den 50. Geburtstag, einen Urlaub etc. verankert, und das semantische Gedächtnis, welches durch das Lernen von Fakten gebildet wird. Wir haben Zugang zu unserer Vergangenheit und damit die Grundlage einer persönlichen Autobiographie, und wir verfügen über bewusstes Faktenwissen, das unabhängig von unserer Person ist, z. B. das kleine Einmaleins, dass der Eiffelturm in Paris steht, oder englische Vokabeln.[160]

Der Hippocampus organisiert das deklarative Gedächtnis. Er „legt unterschiedliche Aspekte eines bestimmten Lerninhalts (Fakten, Objekte, Orte, Namen, Farben usw.) in unterschiedlichen ‚Schubladen' ab, die sich dann mit zunehmendem Wissenserwerb vernetzen."[161] Sobald Wissen vernetzt ist, verknüpfen sich bei der Erinnerung die Inhalte der einzelnen „Schubladen". Assoziatives Denken ist nun möglich, d. h. zu einem Thema oder Gedanken fallen zusätzliche Inhalte automatisch ein.[162] Dieser Prozess kann durch Coaching zielführend unterstützt werden.

Das nicht-deklarative Gedächtnis dagegen speichert unbewusste Erinnerungen ab. Hierzu gehört das prozedurale Gedächtnis, zuständig für automatisierte Abläufe in Form von motorischen Fertigkeiten und Bewegungsabfolgen wie z. B. Laufen, Fahrradfahren oder Klavierspielen. Das emotionale Gedächtnis als zweiter Teil des nicht-deklarativen Gedächtnisses erinnert Ereignisse, die mit starken Emotionen verbunden sind. Wie oben beschrieben ist die Amygdala von wichtiger Bedeutung. Als Teil des limbischen Systems übernimmt sie die Aufgabe, Ereignisse mit Emotionen zu verbinden und die eingehenden Reize emotional zu bewerten.[163] Im Weiteren ist dann der Hippocampus dafür verantwortlich, die Eindrücke vom Kurzzeit- ins Langzeitgedächtnis zu überführen.[164] Je stärker ein Angstgefühl ist, umso stärker prägt sich die abgespeicherte Information im Gedächtnis ein. Emotionen werden durch Botenstoffe im Gehirn abgespeichert. So erhöht der Neurotransmitter Noradrenalin die Aufmerksamkeit und Zuwendung und Acetylcholin die Konzentration bei Lernen und Gedächtnisfunktionen.

Letzteres verstärkt die Konzentration durch eine „Fokussierung" neuronaler Aktivität im Arbeitsgedächtnis (lokalisiert im dorsolateralen präfrontalen Cortex) und beim gezielten Abruf von Gedächtnisinhalten.[165] Es findet eine realistische Abschätzung von Handlungsfolgen statt, Vorteile und Risiken einer bestimmten Situation werden erkannt. Wir sind in der Lage, aus Erfahrungen zu lernen und somit ungeliebte Gewohnheiten zu verändern.[166]

Das nicht-deklarative Gedächtnis ist ein wichtiger Teil der Persönlichkeit. Es beeinflusst unser Verhalten, ohne dass wir uns in der Regel darüber im Klaren sind. In Coachingprozessen kann ein Blick in die Vergangenheit des Coachees die Ist-Situation in der Gegenwart erklären. Sich von unbewusst ablaufenden und störenden Mustern, sich von ungeliebten Gewohnheiten zu verabschieden wird im Coaching mit dem Blick auf die im Entstehen begriffene Zukunft gestaltet.[167]

6.5 Das Entscheidungssystem

So selbstverständlich wie wir reden, so selbstverständlich treffen wir Entscheidungen. In der Informationsverarbeitung ist das Entscheidungssystem die finale Stufe, lokalisiert im präfrontalen Cortex, dem vorderen Bereich unseres Gehirns. Alle wichtigen Informationen aus dem Belohnungssystem, dem Emotionssystem und dem Gedächtnissystem werden hier zusammengeführt und für die Entscheidungsfindung herangezogen. Pläne und Strategien werden unter Berücksichtigung der anderen drei Systeme und unserer sozialen Normen und Werte, die auch mit Sitz im präfrontalen Cortex lokalisiert sind, in diesem System entwickelt. Komplexe Entscheidungen lassen sich aus den bereits gespeicherten Informationen ableiten. Ohne die anderen drei Systeme wäre das Entscheidungssystem machtlos.

Fragen wie z. B. was es will, warum es etwas will, und wie es das Gewollte erreichen soll, könnten nicht beantwortet werden. Am klassischen Beispiel der „Framing-Effekte" (durch unterschiedliche Formulierung einer Nachricht mit identischem Inhalt) wird deutlich, dass Entscheidungen stark von unwesentlich erscheinenden Merkmalen und massiv von Erwartungen beeinflusst werden können.[168] Kahnemann und Tversky benutzen die Bezeichnung „Framing-Effekte für ungerechtfertigte Einflüsse von Formulierungen auf Überzeugungen und Präferenzen."[169]

Neurowissenschaftler des University College London untersuchten mittels fMRT den Framing-Effekt. In einer Studie wurden Beobachtungen tatsächlicher Wahlhandlungen mit der Aufzeichnung neuronaler Aktivität abgeglichen. In einem Experiment sollten sich Probanden vorstellen, einen Geldbetrag in Höhe von 50 Pfund bei einer Lotterie einzusetzen. Bei einer Option könnten sie auf jeden Fall 20 Pfund behalten, bei einer anderen könnten sie maximal 30 Pfund verlieren. Obwohl die Erwartungswerte beider Optionen gleich waren, entschieden sich die Probanden eher für die Behalten-Version. Es wurde bewiesen, dass eine durch ein einziges Wort hervorgerufene Emotion in die Entscheidung „durchsickern" kann.[170]

Durch dieses Experiment wird deutlich, dass Entscheidungen stark davon abhängen, inwieweit Erwartungen emotional z. B. durch Worte beeinflusst werden. Das menschliche Gehirn ist eher der vermeintlich sichereren Option zugeneigt, dem Alles-behalten-Können, und wird dieselbe Wahlmöglichkeit eher ablehnen, wenn sie als Verlieren beschrieben wird. [171] Diese Studie belegt außerdem, dass die Amygdala und der cinguläre Kortex an diesem Prozess beteiligt sind.[172] Die Amygdala-Aktivität weist darauf hin, dass Entscheidungen emotional geprägt sind.

Kahnemann erhielt 2002 den Wirtschafts-Nobelpreis für die von ihm und seinem verstorbenen Kollegen Tversky entwickelte Prospect-Theorie, die Neue Erwartungstheorie. Sie beschreibt das Treffen von Entscheidungen in Situationen der Unsicherheit.[173] Nach dieser Theorie sind wir bei der Lösung von Problemen und in der Entscheidungsfindung keine rationalen Denker. Viele „Verhaltensanomalien", d. h. Verhaltensweisen, die mit dem Rationalverhaltensmodell nicht zu vereinbaren sind, sind mit Hilfe der Prospect-Theorie zu erklären.[174] Entscheidend ist nicht so sehr das Problem an sich, sondern die Wahrnehmung dieses Problems. Die Wissenschaftler stellten heraus, dass wir durch Verluste und Verschlechterungen wesentlich stärker motiviert werden als durch Gewinne und Verbesserungen.[175] Wir wissen, dass Menschen bei Unsicherheit eher Fehlentscheidungen treffen, weil die eigene Wahrnehmung häufig verzerrt ist. Deshalb gilt es, die wiederkehrenden Muster bei Fehlentscheidungen zu erkennen und Blockaden zu lösen, um somit die Handlungsoptionen zu erweitern. Ziel ist es, die kognitiven Verzerrungen, die in Coachingprozessen deutlich werden, aufzulösen.

Für die Coachingpraxis bedeutet dies, mehr Energie darauf zu verwenden, das Denken beim Coachee zu reframen. Der Blick sollte von einer Verlustvermeidung auf den Gewinn und die allgemeine Verbesserung im Kontext der Herausforderung gerichtet werden. Sprache und Wortwahl des Coachs haben hierbei großen Einfluss, und wie oben beschrieben kann durch einzelne Wörter eine veränderte Sichtweise und letztendlich auch ein Aha-Moment ermöglicht werden.

Andere Experimente der Hirnforschung legen die Vermutung nahe, dass bewussten Entscheidungen neuronale Prozesse im Gehirn vorgeschaltet sind. Durch eine fMRT-Studie wird belegt, dass Entscheidungen bereits bis zu zehn Sekunden, bevor die Testpersonen sie zu treffen glauben, im Gehirn sichtbar sind.[176]

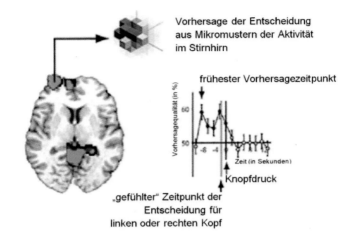

Vorhersage der Entscheidung aus Mikromustern der Aktivität im Stirnhirn

frühester Vorhersagezeitpunkt

Knopfdruck

„gefühlter" Zeitpunkt der Entscheidung für linken oder rechten Kopf

Abb. 11: Vorhersage der Entscheidung aus Mikromustern der Aktivität im Stirnhirn

Anmerkung:
Aus den grün markierten Regionen lässt sich die freie Entscheidung eines Probanden für einen linken oder rechten Knopfdruck vorhersagen. Dazu wird eine Mustererkennungs-Software darauf trainiert, aus den Mikromustern der Hirnaktivität vorherzusagen, wie sich der Proband entscheiden wird. Der früheste Vorhersagezeitpunkt liegt sieben Sekunden vor dem „gefühlten" Zeitpunkt, zu dem sich der Proband zu entscheiden glaubt.

Ein von der Kopfhaut ableitbares elektrisches Potenzial (Bereitschaftspotenzial) wird weit vor einer Handlung messbar. Es wird vermutet, dass es im präfrontalen Cortex ein Areal gibt, in dem die eigentliche Entscheidung getroffen wird. Ein Areal im parietalen Cortex speichert dann den Beschluss, bevor er ins Bewusstsein gelangt.[177]

Dies könnte bedeuten, dass noch vor dem Zeitpunkt des Bewusstwerdens eines Handlungsimpulses Handlungsabsichten auf neuronaler Ebene gebildet werden.[178]

Grundsätzlich verhält es sich mit unserem Denken so, dass es auch in nur mäßig komplexen Situationen überfordert ist. Zurückzuführen ist dies auf die begrenzte Kapazität des Arbeitsgedächtnisses und die dadurch eingeschränkte Konzentrationsfähigkeit. Maximal fünf Dinge können wir im Kopf behalten und zwei parallele Vorgänge gleichzeitig intensiv verfolgen. Entscheidungsprozesse sind umso fehleranfälliger, je komplexer die Auswahl an Optionen ist. Das Aufmerksamkeitsbewusstsein ist dann am ehesten lösungsorientiert, wenn es sich mit nur einem einzelnen Thema auseinandersetzen kann. Neben der bewussten Entscheidungsfindung ist das Vorbewusste (weitgehend identisch mit dem deklarativen Langzeitgedächtnis) der Ort des intuitiven Problemlösens.[179]

In der Denkpsychologie wird dem intuitiven Entscheiden eine große Bedeutung zugeschrieben, da dessen Fähigkeit zur Verarbeitung komplexer Informationen um ein Vielfaches größer ist als die des bewussten Arbeitsgedächtnisses. Dijksterhuis belegt mit einer Studie, dass Entscheidungen, die auf Nachdenken beruhen, nur in relativ einfachen Entscheidungssituationen optimal sind.[180]

Dahingehend ist die Strategie, das Grübeln einmal sein zu lassen, ggfs. eine Nacht über ein Problem zu schlafen und sich dann spontan zu entscheiden, für komplexere Entscheidungssituationen besser geeignet. Angeführt wird in diesem Zusammenhang häufig der spontane Einfall, das sogenannte

Aha-Erlebnis. Kernaussage der Forschung ist, dass das rationale Überlegen zu einer Entscheidung führt, die nur noch emotional und intuitiv getroffen wird und somit nicht mehr rational sein kann.[181]

Erwartungen und Befürchtungen sind Emotionen, die immer auf die rationalen Argumente bei Entscheidungen einwirken. Sanfey und Chang stellten 2008 mit ihren Forschungen zudem heraus, dass analytische Entscheidungen weniger Zufriedenheit auslösten als intuitive Entscheidungen.[182]

7. Diskussion

Bei der Beschreibung des Aha-Moments im Coaching wird deutlich, dass der erste Schritt der ist, dass der Coach mit seiner Persönlichkeit den Raum für die Beziehung mit dem Coachee schafft. Als Impulsgeber fördert er kreatives Denken, und er unterstützt den Coachee darin, seine Aufmerksamkeit neu zu fokussieren. Vorangegangenes Grübeln liefert dem Problem oder der Herausforderung alles, was es als Informationsvorlage benötigt. Das Gehirn arbeitet dann selbständig mit allen Informationen, bis es eine optimale Lösung gefunden hat. Der Aha-Moment entsteht auf der Suche nach der Lösung in der vermeintlichen gedanklichen Leere, auch zu vergleichen mit der Presencing-Phase der Theorie U von Scharmer. Die Inkubationsphase findet im Unbewussten oder Vorbewussten statt. Sich vom Problem zu entfernen und noch einmal in einer anderen Sichtweise darauf zuzugehen oder auch ein kurzer Hinweisreiz lösen den Aha-Moment aus, wenn die Grundhaltung des Coachees dies zulässt.

Hier ist die Professionalität des Coachs gefragt, diesen Augenblick vorzubereiten. Dies geschieht, indem er das limbische emotionale Bewertungssystem beim Coachee anspricht. 20 Jahre Praxiserfahrung als Coachin zeigen, dass Aha-Momente durch die Persönlichkeit des Coachs und in enger Verknüpfung mit der Persönlichkeitsstruktur des Coachees ausgelöst und hierdurch mühevolle Veränderungsprozesse beschleunigt werden. Da mentale Vorgänge durch physische Zustände wie z. B. Herzklopfen oder Schwitzen begleitet werden, muss der Coach auch hier besondere Aufmerksamkeit und Achtsamkeit dem Coachee gegenüber aufbringen. Kleinste Reize können ihm Hinweise für seine Interventionen geben, mit denen er das Eintreten des Aha-Moments ermöglicht.

Wie im eingangs beschriebenen Beispiel deutlich wird, reagiert die Coachin auf den Redefluss und die damit wahrnehmbaren Stress-Symptome des Managers durch die Intervention, schweigend den Blick auf den Baum zu richten.[183] Diese Unterbrechung und die damit einhergehenden Emotionen berühren die tieferen limbischen Ebenen des Coachees. Durch das unbewusste Ansprechen individuell-emotionaler Motive wird das Gedächtnissystem mobilisiert. Jetzt kann der Aha-Moment geschehen. Neurowissenschaftlich betrachtet bedeutet dies, dass insbesondere der Nucleus accumbens aktiviert wird und Dopamin als zentraler Botenstoff eine Belohnungserwartung auslöst und motiviertes und zielgerichtetes Handeln steuert.[184]

Die Erleuchtung, der Aha-Moment, geschieht genau in dem Augenblick, in dem der Coachee die Komplexität und Verfahrenheit seiner Situation geschildert hat, aus dem Gedächtnissystem die zum Problem wichtigen Inhalte und die damit verbundenen Emotionen abruft und durch die schweigende Unterbrechung einer neuen inneren Verknüpfung seiner Gedanken und Emotionen den Weg ebnet. Die rechte Hemisphäre des Gehirns ist bereits leicht aktiviert, bevor der Gedanke bzw. das Gefühl im Bewusstsein angekommen ist. Sie liefert den Impuls zur Lösungsfindung, und der Aha-Moment, ein spezieller Prozess des schnellen Wiederabrufens, Kombinierens und Kodierens, tritt ein.[185]

Die Entscheidung des Coachees, seinem Leben eine neue Sinnhaftigkeit zu geben, findet dann, ebenso wie die Umsetzung neuer Denk- und Verhaltensmuster, auf der Bewusstseinsebene statt. Die komplexe Steuerung unseres Gehirns und das Zusammenspiel unterschiedlichster Areale werden erkennbar. Stresssystem, Emotionssystem, Belohnungssystem, Gedächtnissystem und Entscheidungssystem sind jeweils in ihrer Funktion an der Vorbereitung und im Auslösen des Aha-Moments und nicht zuletzt an der anschließenden Umsetzung beteiligt.

Die Wirkfaktorenforschung beschreibt, dass vor allem einzelne Handlungen des Coachs für die Wirkung verantwortlich sind.[186] Wertschätzung, Vertrauen und emotionale Unterstützung, Ressourcenaktivierung und das oben beschriebene „Arbeitsbündnis" sind relevante Wirkfaktoren.[187] Das Wissen über neurowissenschaftliche Grundlagen unserer Persönlichkeit und Psyche und damit verbunden deren Veränderbarkeit sollte zum Grundrepertoire eines Coachs gehören. Coaches mit therapeutischer Kompetenz haben zudem eine höhere Flexibilität, um die vielfältigen Themenbereiche der Coachees zu bedienen.[188] Gahleitner erkennt die Notwendigkeit einer interdisziplinären und konzeptionellen Herangehensweise, um die Vielfalt einer Beziehungsgestaltung zu erfassen.[189] Es geht darum, den Coachee im richtigen Moment mit der besten Intervention zu unterstützen. Hier sind fachliche Flexibilität, Kreativität und Intuition des Coachs gefragt.[190] Je vielseitiger, reflektierter und erfahrener ein Coach ist, umso besser kann er den Coachingprozess steuern. Eine positive frühe

Bindungserfahrung erleichtert hierbei den Kontakt zum Coachee.

Eine gute Beziehung zwischen Coach und Coachee führt zu einer erhöhten Ausschüttung des Botenstoffs Oxytocin, der für Bindungsfähigkeit steht. Sie kann auch zur Senkung des Cortisolspiegels beitragen, der den Coachee beruhigt, Stressfaktoren reduziert und mögliche Ängste nimmt. So kann der Coachee mit größerer Leichtigkeit verborgene Ressourcen entdecken und neue Ressourcen aufbauen.[191]

Die Praxis zeigt, dass der Coach durch unkonventionelles Denken die Kreativität seines Coachees fördert und damit Aha-Momente ermöglicht und die Lösungsfindung optimiert.

Abb. 12: Der AHA-Moment

Durch z. B. systemische oder verhaltenstherapeutische Interventionen, Perspektivwechsel, emotionsfokussierte Körperarbeit, Worst-Case-Szenarien oder auch provokative Elemente bietet der Coach vielfältige Angebote, eingefahrene Denkmuster des Coachees aufzubrechen.

Neue Emotionen und Verhaltensmuster können so angelegt werden. Die Arbeit mit positiven Zukunftsbildern erweitert die Perspektiven des Coachees und eröffnet neue Handlungsfelder. Der Coach muss Sicherheit vermitteln und dem Coachee das Gefühl geben, dass dieser seine Veränderung schafft. Er muss die Basis schaffen, dass der Coachee einen für sich persönlichen Sinn herstellen kann. Sich durch imaginäre Bilder, Assoziationen und Gedankenspiele positive Zukunftsbilder in die Gegenwart zu holen motiviert und erweitert das Fühlen und Denken. Der Coachee erfährt durch die positiven Bilder Glücksmomente, die eine Belohnungserwartung in Aussicht stellen und damit zur Ausschüttung des Botenstoffs Dopamin führen. Der Nucleus accumbens und andere Hirnareale werden aktiviert und können potenzielle Lösungen kreieren.[192] Durch Motivation und Inspiration des Coachs vermag der Coachee sich unbewusst für einen Aha-Moment zu öffnen. Diese Initialzündung, ausgelöst z. B. durch ein Wort, eine Unterbrechung oder einen Gedanken des Coachs, ermöglicht der Einsicht den Weg ins Bewusstsein.[193]

Veränderungswillen und Freiwilligkeit des Coachees sind im Coaching unabdingbar. Eine grundsätzlich funktionsfähige psychische Struktur, Bindungsfähigkeit und intakte Selbstregulierungsfähigkeiten begünstigen die Entwicklung zu positiver Veränderung. Hierzu zählt u. a. die Einsicht als Grundlage für das Eintreten von Aha-Momenten, die Veränderungsprozesse auslösen. Wie Kounios und Beeman beschreiben, gibt es unterschiedliche Einsichtsvarianten.[194]

Wichtig ist, dass sich ein Coachee auf den Coach einlässt, der durch Interventionen neue Denk- und Verhaltensmuster ermöglicht. Denken durch Kreativität zu erweitern, unproduktive Gedankenmuster durch Fixierungsvergessen zu befreien oder die Gedanken umzulenken sind für einen Coachee Möglichkeiten, sein Fühlen und Denken zu trainieren. Selbst kleinste Veränderungen können positive Folgen nach sich ziehen. Das Über-den-Tellerrand-Schauen ist im Coaching trainierbar.

Einsicht steht immer in einem engen Zusammenspiel u. a. von emotionaler Erfahrung, Erinnerung und körperlicher Empfindung.[195] Insofern sollte, wie Ryba und Roth es beschreiben, eine Emotionsanalyse im Coaching immer wieder zur Anwendung kommen. Sie beziehen dies u. a. auf die Aha-Erlebnisse, die viele Coachees bei erfolgreicher Emotionsanalyse haben und wodurch sie bereits dazu befähigt sind, ohne weitere Interventionen einen verbesserten Umgang mit ihren Problememotionen zu finden.[196]

Eine positive Grundstimmung hat Auswirkungen auf die intuitive Leistung und Einsicht, Angst hingegen blockiert das Einsichtsdenken. Die Aufgabe, sich die Zukunft möglichst konkret bildlich vorzustellen, sollte durch den Coach angeleitet werden. Es sollte nicht nur darum gehen, negative Emotionen zu vermeiden, sondern gezielt darum, positive Emotionen zu stärken. So kann der Coachee seine angestrebte Veränderung gedanklich vorwegnehmen und mögliche Konsequenzen der Veränderung durchspielen. Hierdurch werden einzelne Hirnareale aktiviert. Emotionen werden ausgelöst, Erinnerungen wachgerufen, und Stressmomente können bearbeitet werden. Neue gedankliche Verknüpfungen entstehen. Die unbewussten Assoziationen sind wie auch die eigenen Stimmungen Filter der individuellen Wahrnehmung und des Selbst.[197]

Sobald das Ziel groß genug ist und erreichbar erscheint, wird eine Belohnungserwartung ausgelöst: Der Nucleus accumbens ist aktiv, Dopamin wird vermehrt ausgeschüttet und die Basis für das Eintreten eines Aha-Moments ist gegeben. Der Aha-Moment ist dann der Ausgangspunkt, von dem aus die gewünschte Veränderung begonnen wird. Ein Coachee, der sich in seiner Kreativität und Flexibilität trainieren möchte, kann dies auf unterschiedlichste Art und Weise tun. Er kann sein Gehirn in flexibler Aufmerksamkeit schulen, indem er z. B. Dinge unternimmt, die außerhalb seiner Komfortzone liegen, indem er kurze Unterbrechungs-Sequenzen in den Tag einbaut oder sich auch im assoziativen Denken übt. So kann er sich beispielsweise für Gegenstände im Büro z. B. eine andere Funktion überlegen – etwa die Krawatte als Pinnwand für wichtige Erinnerungen. Im Coaching können Rituale entwickelt werden, die die Kreativität fördern.

Wenn wir uns mit dem Thema Veränderung beschäftigen, ist aus neurowissenschaftlicher Sicht festzuhalten, dass sich jeder Gedanke, jede Erinnerung, jede Emotion und jede Entscheidung im Gehirn physisch widerspiegeln. Der präfrontale Cortex ist für alles die oberste Instanz. Umwelteinflüsse, Erfahrungen und Gedanken des persönlichen Lebens prägen gemeinsam mit der genetischen Ausstattung unser Bewusstsein. Grundlage von Entscheidungen sind wahrgenommene Reize, die wiederum zu Handlungen führen. Entscheidungen sind vom Kontext und von Erwartungen abhängig. Die Verknüpfung und das Zusammenspiel verschiedener Gehirnsysteme stellen eine wichtige Basis für erfolgreiche Veränderung dar.[198] Bei der Betrachtung des Aha-Momentes ist in erster Linie festzuhalten, dass es sich um einen intuitiven Moment der Einsicht handelt, der mit analytischer Lösungsfindung nicht zu vergleichen ist.

Chlopczik beschreibt das Auftreten magischer Momente in Organisations- und Coachingprozessen, ausgelöst durch die Person des Beraters, und Renn erklärt das Auftreten von magischen Momenten bei Klienten während einer Focusing-Therapie. Einen neurowissenschaftlichen Bezug stellen beide nicht her.

Neurowissenschaftliche Untersuchungen mit Hilfe des Remote Association Tests zur Messung von Einsicht und Kreativität beweisen, dass sich die Gehirnaktivität bei plötzlicher Einsicht von der des analytischen Denkens unterscheidet. Die Studien zeigen, dass der Nucleus accumbens die zentrale Region für das sogenannte Aha-Erlebnis ist. Gleichzeitig wird deutlich, dass neben den Hirnarealen, die für die Aufmerksamkeit, Sprachverarbeitung und Gedächtnisbildung zuständig sind, der Botenstoff Dopamin verstärkt freigesetzt wird.

Kounios und Beeman messen schon eine Minute vor Eintreten der Erkenntnis EEG-Alpha-Wellen im hinteren Teil des Gehirns in der rechten Gehirnhälfte.[199] Dadurch wird ermöglicht, dass der rechte Temporallappen im Gamma-Rhythmus feuert und das Lösungswort verkündet. Dieses Erkennen beschreiben die beiden Wissenschaftler als Aha-Moment.[200]

Tik u. a. zeigen, dass neben den Hirnarealen, die für die Aufmerksamkeit, Sprachverarbeitung und Gedächtnisbildung zuständig sind, der Botenstoff Dopamin verstärkt freigesetzt wird und der Nucleus accumbens die zentrale Region für das sogenannte Aha-Erlebnis ist.[201] Sie stellen zudem heraus, dass Dopamin neben seiner Funktion als Botenstoff für Belohnungsprozesse auch für die zielgerichtete Lösungsfindung verantwortlich ist. Eine durch ein Aha-Erlebnis gefundene Lösung speichert sich einprägsamer und intensiver im Langzeitgedächtnis ab.

Alles was auf uns wirkt, verändert unser Gehirn, das immer ein Produkt aus dem Zusammenspiel von genetischer Ausstattung und diversen Umweltfaktoren ist.[202] In der Komplexität des Gehirns wird deutlich, dass eine einzige neuronale Struktur alleine nichts bewirken kann. Es gibt immer ein Zusammenwirken mehrerer Hirnareale, die das Fühlen und Denken steuern, sodass eine sinnvolle Gesamtreaktion erfolgen kann.

Jede Empfindung und jeder Gedanke ist das Ergebnis biochemischer Prozesse. Das limbische System, Entstehungsort unbewusster Emotionen und Motivationen, nimmt Wahrnehmungsreize im emotionalen Bewertungsgedächtnis (Amygdala) auf, bevor sie in der Großhirnrinde verarbeitet werden.[203] Der Nucleus accumbens verarbeitet vorwiegend positive Ereignisse. Er verknüpft Ereignisse und Belohnungen und steuert die damit verbundene Belohnungserwartung, die wiederum die Grundlage von Motivation ist. Dopamin ist der den Aha-Moment auslösende Botenstoff.

Kein Lernen ist schneller als das emotionale Lernen. Das angestrebte Ziel, das zukünftig Gewünschte in der Gegenwart zu fühlen, löst positive Emotionen aus. Somit erschafft die Gegenwart eine neue Zukunft. Damit ist das System der Belohnungserwartung in Gang gesetzt. Die Steuerzentrale des Nucleus accumbens und Dopamin als Botenstoff ermöglichen neurobiologisch den Aha-Moment, indem das Belohnungssystem einen höheren Wert und einen höheren Gewinn in Aussicht stellt. Mit diesem neuen Bewusstsein und der Motivation, die an ein Ziel gekoppelt ist, werden alte Muster aufgebrochen, und die Aufmerksamkeit kann auf die Gestaltung der zukünftigen Möglichkeiten gerichtet werden.

Coach und Coachee haben dann gemeinsam die Chance, Einfluss auf die Emotionen und das Verhalten zu nehmen. Ablenkung, kognitive Neubewertung einer Situation oder auch Reframing können die Emotionsregulation unterstützen. Je offener, positiver und flexibler sich der Coachee innerlich aufstellt, umso erfolgreicher wird er seine Lösungen finden. Da das Gehirn jede Information und alles Erlebte abspeichert, geht es im Coaching auch darum, einschränkendes Denken aufzuspüren. Überdauernde unbewusste und einengende Muster aus der Kindheit und Jugend überlagern häufig das Erkennen der Lösung. So berichten Coachees im Augenblick der Erkenntnis, wie überrascht sie sind, dass sie das so Naheliegende selber nicht haben sehen und fühlen können.

Professionelles Coaching kommuniziert über die nonverbale Ebene. Der Coach muss um die Verbindung zwischen Psyche und Gehirn wissen und kann seinen Coachee mit diesen Kenntnissen gezielt begleiten. Um sein Gegenüber in Bewegung zu bringen, muss der Coach dessen tiefe limbischen Ebenen erreichen, denn wie beschrieben kann über bewusste Emotionen das Unbewusste erreicht werden.

Jedes Ereignis wird im Kontext der früheren Ereignisse bewertet, und je offener der Geist des Coachees ist, umso stärker ist die Verknüpfung von Assoziationen. Dopamin ist erneut der Botenstoff, der die Kreativität steigert, je stärker die Ausschüttung ist. Welche Assoziation wie wirkt, und was der Coachee bei welcher Intervention assoziiert, ist jedoch nicht steuerbar. Der Coach muss so erfahren sein und Übung darin haben, flexibel auf die Rückmeldungen des Coachees zu reagieren. So entsteht eine Interaktion zwischen den Gehirnen von Coach und Coachee über das Werkzeug der Sprache. Das Fühlen und Denken wird gegenseitig beeinflusst. Unser Gehirn mit seinen Selektionsmechanismen entscheidet, welche Wahrnehmungsinhalte wie verarbeitet oder auch unterdrückt werden. Es ist die Aufgabe des Coachs, aufmerksam auf den auditiven und visuellen Ausdruck des Coachees zu reagieren und ihn der Lösungsfindung näher zu bringen. Ziel ist es, das Gehirn des Coachees auf neue Weise zu aktivieren, ihn über den Tellerrand schauen zu lassen und somit das Denken zu erweitern.

Der gesamte Prozess muss in einer entspannten Atmosphäre geschehen, denn unter Druck ist kreative Lösungsfindung und sind Aha-Momente nicht möglich.

8. Schlusswort und Ausblick

Das in dieser Arbeit beschriebene Phänomen des Aha-Moments ist ein im Hinblick auf Coaching zwar diskutiertes Phänomen, jedoch im neurowissenschaftlichen Kontext noch nicht ausreichend erforscht. Bisher stehen nur einzelne Aspekte des Themas im Fokus der Forschung, und die sind auch nur in Teilbereichen evaluiert.

So rückt die Person des Coachs immer weiter in den Vordergrund und verantwortet verstärkt den Erfolg eines Coachings. Es ist eindeutig, dass Coachingtechniken alleine nicht ausreichend sind. Die interaktionelle Beziehungserfahrung ist umso effektiver, je besser neben der fachlichen Kompetenz die Persönlichkeit des Coachs ausgebildet ist, und je stärker die Bedeutung des Zusammenwirkens von neurowissenschaftlicher und psychologischer Betrachtungsweise im Coaching berücksichtigt wird.

Neurowissenschaftliche Studien, die den Kontext zwischen Aha-Moment und neurobiologischen Vorgängen im Gehirn in Verbindung mit der Wirksamkeit von Coachingprozessen untersuchen, sollten ein Ziel der zukünftigen Forschungsarbeit sein. Wie auch Ryba und Roth schreiben, steht die Erforschung der Interaktion im Coaching in den Anfängen, und das komplexe Geschehen ist gegenwärtig nur ansatzweise zu erfassen.[204]

Der Aha-Moment in Coachingprozessen, ermöglicht und vorbereitet durch die Interventionen und die Persönlichkeit des Coachs, ist hier nur ein Teilbereich. Ziel weiterführender Untersuchungen wird es sein, die Persönlichkeit des Coachs und seine Interaktion mit dem Coachee insgesamt verstärkt in das Interesse der neuropsychologischen Forschung zu rücken. Die gemeinsame Betrachtung aus psychologischer und neurowissenschaftlicher Perspektive im Rahmen von Einzelfalluntersuchungen wird zu wichtigen Ergebnissen führen und die Komplexität der Interaktion veranschaulichen. An solchen Untersuchungen wird die Autorin gerne als beteiligte Coachin mitwirken.

Aufgabe der neurowissenschaftlichen Forschung ist es jetzt, die neuronalen Aktivitäten bei Coach und Coachee vor dem Eintreten und während des Erlebens eines Aha-Moments zu untersuchen. Dazu müssen neue innovative Methoden und Verfahrensweisen entwickelt werden und zur Anwendung kommen, die die Hirntätigkeit von zwei oder mehreren Personen während einer Interaktion aufzeichnen.

Fraglich ist zum heutigen Zeitpunkt jedoch, inwieweit sich das Unbewusste und Vorbewusste überhaupt aufzeichnen lassen können, und welche Forschungsverfahren hierfür geeignet sind. Umso bedeutsamer ist es, noch differenziertere Erkenntnisse zum Aha-Moment zu gewinnen, die zu neuen Interventionsmodellen für Coaches führen, mit denen Veränderungsprozesse im Coaching verschlankt und beschleunigt werden. Die Bedeutung der Persönlichkeit des Coachs im Auslösen von Aha-Momenten kann dann evaluiert und bewiesen werden. Mit einem neuen Bewusstsein kann die Aufmerksamkeit auf zukünftige Möglichkeiten gerichtet werden. Es ist das Ziel, die Gefühle der Erleichterung, des Glücks und der Freude, die die Aha-Momente begleiten, gezielt herbeizuführen. Wenn künftige Studien beweisen, dass Aha-Momente durch spezifische Coachings und Trainings ausgelöst werden können, wird die Wirksamkeit von Coachingprozessen eine neue Dimension erreichen.

9. Literaturverzeichnis

BANDURA, A. (2006): Analysis of Modeling Processes, in: ders. (Hrsg.), Psychological modeling: conflicting theories, New York 2006, S. 1-62.

BÖNING, U. (2005): Coaching: Der Siegeszug eines Personal-entwicklungs-Instruments, in: RAUEN, C. (Hrsg.) (2005a), S. 21-54.

CHLOPCZIK, A (2015): Der magische Moment in der Prozess-beratung – Über Dreh- und Angelpunkte in Veränderungspro-zessen, Wiesbaden 2015.

DAMASIO, A. (2010): Descartes' Irrtum – Fühlen, Denken und das menschliche Gehirn, 6. Aufl., Berlin 2010.

ELGER, C. E. (2013), Neuroleadership. Erkenntnisse der Hirn-forschung für die Führung von Mitarbeitern, 2. Aufl., Freiburg/München 2013.

ESCH, T. (2017a): Die Neurobiologie des Glücks – Wie die Positive Psychologie die Medizin verändert, 3. Aufl., Stuttgart 2017.

ESCH, T. (2017b): Der Selbstheilungscode, 3. Aufl., Weinheim/Basel 2017.

FINGER-HAMBORG, A. (2005): Einzel-Coaching mit Schichtlei-tern – Ein Erfahrungsbericht, in: RAUEN, C. (Hrsg.) (2005a), S. 369-390.

GAHLEITNER, S. (2017): Soziale Arbeit als Beziehungsprofession, Weinheim/Basel 2017.

KAHNEMANN, D. (2014): Schnelles Denken, langsames Denken, 2. Aufl., München 2014.

KAHNEMANN, D. / TVERSKY, A. (1984): Entscheidungen, Werte und Frames, [Erstveröffentlichung in American Psychologist 34, 1984], in: KAHNEMANN, D. (2014), S. 545-568.

KÖNIGSWIESER, R. / HILLEBRAND, M. (2004): Einführung in die systemische Organisationsberatung, Heidelberg 2004.

KOUNIOS, J. / BEEMAN, M. (2015): Das Aha-Erlebnis – Wie plötzliche Einsichten entstehen und wie wir sie erfolgreich nutzen, München 2015.

KÜNZLI, H. (2019): Spielstand 1:0 – Die Wirksamkeit von Coaching, in: RYBA, A. / ROTH, G. (Hrsg.) (2019), S. 102-124.

LAMMMERS, C.-H. (2019): Emotionsfokussiertes Coaching, in: RYBA, A. / ROTH, G. (Hrsg.) (2019a), S. 342-369.

MÜSSELER, J. / RIEGER M. (2017): Allgemeine Psychologie, 3. Aufl., Berlin/Heidelberg 2017.

OFFERMANNS, M. (2005): Braucht Coaching einen Coach? – Eine evaluative Pilotstudie, in: RAUEN, C. (Hrsg.) (2005a), S. 99-110.

RADATZ, S. (2011): Beratung ohne Ratschlag – Systemisches Coaching für Führungskräfte und BeraterInnen, 7. Aufl., Wien 2011.

RAUEN, C. (Hrsg.) (2005a): Handbuch Coaching, 3. Aufl., Göttingen 2005.

RAUEN, C. (2005b): Varianten des Coachings im Personalentwicklungsbereich, in: RAUEN, C. (Hrsg.) (2005a), S. 111-136.

RAUEN, C. / STEINHÜBEL, A. (2005): Coaching-Weiterbildungen, in: RAUEN, C. (Hrsg.) (2005a), S. 289-310.

RENN, K. (2016): Magische Momente der Veränderung – Was Focusing bewirken kann, München 2016.

RÖD, W. (2013): Heureka! Philosophische Streifzüge im Licht von Anekdoten, Beck-Verlag, München (2013).

ROTH, G. (2017): Persönlichkeit, Entscheidung und Verhalten – Warum es so schwierig ist, sich und andere zu ändern, 12. Aufl., Stuttgart 2017.

ROTH, G. / RYBA, A. (2016): Coaching, Beratung und Gehirn – Neurobiologische Grundlagen wirksamer Veränderungskonzepte, 2. Aufl., Stuttgart 2016.

ROTH, G. / RYBA, A. (2019): Die Grundlagen des integrativen, neurobiologisch fundierten Coaching, in: RYBA, A. / ROTH, G. (Hrsg.) (2019a), S. 485-512.

ROTH, G. / STRÜBER, N. (2017): Wie das Gehirn die Seele macht, 7. Aufl., Stuttgart 2017.

RYBA, A. (2018): Die Rolle unbewusster und vorbewusst-intuitiver Prozesse im Coaching unter besonderer Berücksichtigung der Persönlichkeitsentwicklung des Klienten, Göttingen 2018.

RYBA, A. (2019): Die Beziehung als Wirkfaktor, in: RYBA, A. / ROTH, G. (Hrsg.) (2019a), S. 148-187.

RYBA, A. / ROTH, G. (Hrsg.) (2019a): Coaching und Beratung in der Praxis – Ein neurowissenschaftlich fundiertes Integrationsmodell, Stuttgart 2019.

RYBA, A. / ROTH, G. (2019b): Coaching, Beratung und Gehirn: Neurobiologische Grundlagen wirksamer Veränderungskonzepte, in: RYBA, A. / ROTH, G. (Hrsg.) (2019a), S. 19-30.

RYBA, A. / ROTH, G. (2019c): Das Unbewusste im Coaching, in: RYBA, A. / ROTH, G. (Hrsg.) (2019a), S. 31-44.

RYBA, A. / ROTH, G. (2019d): Körperzentriertes Coaching, in: RYBA, A. / ROTH, G. (Hrsg.) (2019a), S. 375-414.

SCHARMER, O. (2015): Theorie U - Von der Zukunft her führen. Presencing als soziale Technik, 4. Aufl., Heidelberg 2015.

SENGE, P. (2015): Vorwort zur Originalausgabe, in: SCHARMER, O. (2015), S. 13-20.

SOON, C. S. / BRASS, M. / HEINZE, H.-J. / HAYNES, J.-D. (2008): Unconscious determinants of free decisions in the human brain, Nature Neuroscience, Volume 11, Number 5, May 2008, S. 543-545.

TIK, M. / SLADKY, R. / DI BERNARDI LUFT, C. / WILLINGER. D. / HOFFMANN, A. / BANISSY, M. J. / BHATTACHARYA, J. / WINDISCHBERGER, C. (2018): Ultra-high-field fMRI insights on insight: Neural correlates of the Aha!-moment, Online im Internet: https://onlinelibrary.wiley.com/doi/full/10.1002/hbm.24073, Stand: 17.04.2018, Abfrage: 12.06.2019; 22:56 Uhr, S. 3241-3252.

WAHREN, H.-K. (2005): Präventive Intervention vor einem Coaching, in: RAUEN, C. (Hrsg.) (2005a), S. 137-152.

WITTMANN, B. C. / SCHOTT, B. H. / GUDERIAN, S. / FREY, J. U. / HEINZE, H.-J. / DÜZEL, E. (2005): Reward-Related fMRI Activation of Dopaminergic Midbrain Is Associated with Enhanced Hippocampus-Dependent Long-Term Memory Formation, Neuron, Vol. 45, 2005, S. 459–467.

ZHARKOVA, N. (2010): Wie kommen therapeutische Veränderungen zustande? Untersuchung psychoanalytischer Therapien mit der Heidelberger Umstrukturierungsskala (HUSS) und dem Psychotherapie-Prozess Q-Sort (PQS), Diss. München 2010.

Internetquellen

DE MARTINO, B. / KUMARAN, D. / SEYMOUR, B. / DOLAN, R. J. (2006): Frames, Biases, and Rational Decision-Making in the Human Brain, Online im Internet: https://www.ncbi.nlm.nih.gov/pmc/articles/PMC2631940/pdf/ukmss-3681.pdf, Stand: 04.08.2006; Abfrage: 14.06.2019; 17:05 Uhr, S. 1-9.

DUDEN (2019); Stichwort: ‚Vorbild', Online im Internet: https://www.duden.de/rechtschreibung/Vorbild, Stand: 2019, Abfrage 12.06.2019; 17.11 Uhr.

ERLEI, M. (2018): Stichwort ‚Prospect-Theorie'. Gabler Wirtschaftslexikon, Online im Internet: https://wirtschaftslexikon.gabler.de/definition/prospect-theorie-46086/version-269372, Stand: 19.02.2018; Abfrage: 14.06.2019; 17:22 Uhr.

O. V. (2018): Geheimnis des „Aha-Moments" entschlüsselt. Dopamin-gesteuerte Regionen des Gehirns beflügeln die Kreativität, Online im Internet: https://www.meduniwien.ac.at/web/fileadmin/content/presseservice/presseaussendungen/pdf_2018/PA_Aha_Moment.pdf, Stand: 26.04.2018, Abfrage: 12.06.2019; 23.10 Uhr, S. 1-3.

ROTH, G. (2012): Kann der Mensch sich ändern? Sichtweisen neurobiologischer Forschung zum Veränderungspotenzial von Menschen, Online im Internet: https://systemaufstellung.com/files/folien_roth_veraenderbarkeit.pdf, Stand: 2012, Abfrage: 12.06.2019; 21.39 Uhr.

SCHREYÖGG, A. (2009): Die Wissensstruktur von Coaching, Online im Internet:
https://www.schreyoegg.de/content/view/136/35/,
Stand: 2009, Abfrage: 12.06.2019; 17.00 Uhr.

STANGL, W. (2019a): Stichwort: ‚Aha-Erlebnis'. Online Lexikon für Psychologie und Pädagogik, Online im Internet:
https://lexikon.stangl.eu/2279/aha-erlebnis/,
Stand: 2019, Abfrage: 14.06.2019; 11.20 Uhr.

STANGL, W. (2019b): Stichwort: ‚Neuroplastizität'. Online Lexikon für Psychologie und Pädagogik, Online im Internet:
https://lexikon.stangl.eu/1166/neuroplastizitaet/,
Stand: 2019, Abfrage: 12.06.2019; 16.48 Uhr.

THEORY U (2019), Online im Internet: http://theory-u.eu,
Abfrage: 15.06.2019; 08.30 Uhr.

10. Abbildungsverzeichnis

11. Abkürzungsverzeichnis

ACC	Anteriorer cingulärer Cortex
ACTH	Adrenocorticotropes Hormon
AFNB	Akademie für neurowissenschaftliches Bildungsmanagement
AON	Academy of Neuroscience
CRF	Corticotropin-freisetzender Faktor
d. h.	das heißt
EEG	Elektroenzephalographie
etc.	et cetera
fMRT	Funktionelle Magnetresonanztomographie
ggfs.	gegebenenfalls
HHNA	Hypothalamus-Hypophysen-Nebennieren-rindenachse
i. d. R.	in der Regel
OFC	orbitofrontaler Cortex
PET	Positronen-Emissions-Tomographie
RAT	Remote Association Test
SNA	Sympathikus-Nebennierenmark-Achse
sog.	sogenannt
u. a.	und andere
vgl.	vergleiche
VTA	Ventrales tegmentales Areal
z. B.	zum Beispiel

12. Fußnotenverzeichnis

[1] Vgl. KOUNIOS, J. / BEEMAN, M. (2015), S. 7.
[2] Vgl. RÖD, W. (2013), S. 3.
[3] Vgl. STANGL, W. (2019a).
[4] Vgl. ebd.
[5] Vgl. CHLOPCZIK, A (2015), S. 26; ESCH, T. (2017a), S. 228.
[6] Vgl. KOUNIOS, J. / BEEMAN, M. (2015), S. 33.
[7] Vgl. BÖNING, U. (2005), S. 29.
[8] Vgl. RYBA, A. / ROTH, G. (2019c), S. 31.
[9] Vgl. FINGER-HAMBORG, A. (2005), S. 374.
[10] WAHREN, H.-K. (2005), S. 148.
[11] Vgl. KÜNZLI, H. (2019), S. 120.
[12] Vgl. ebd., S. 121.
[13] Vgl. ebd.
[14] Vgl. KÖNIGSWIESER, R. / HILLEBRAND, M. (2004), S. 42.
[15] Vgl. ebd.
[16] SCHREYÖGG, A. (2009).
[17] Vgl. ebd.
[18] Vgl. DUDEN (2019).
[19] Vgl. BANDURA (2006), S. 54.
[20] ZHARKOVA, N. (2010), S. 226.
[21] Vgl. ROTH, G. (2017), S. 361.
[22] Vgl. KAHNEMANN, D. (2014), S. 33.
[23] Vgl. ebd.
[24] Vgl. ebd., S. 293.
[25] Vgl. KOUNIOS, J. / BEEMAN, M. (2015), S. 166.
[26] Vgl. ebd., S. 167.
[27] Vgl. ebd., S. 185.
[28] Vgl. ebd.
[29] Vgl. ebd., S. 190.

[30] Vgl. KOUNIOS, J. / BEEMAN, M. (2015), S. 191.
[31] Vgl. ROTH, G. / RYBA, A. (2016), S. 59.
[32] Vgl. KOUNIOS, J. / BEEMAN, M. (2015), S. 29.
[33] Vgl. ebd., S. 49ff.
[34] Vgl. ebd.
[35] Vgl. ebd., S. 41.
[36] Vgl. unten Abschnitt 5.2.1; KOUNIOS, J. / BEEMAN, M. (2015), S. 108.
[37] Vgl. KOUNIOS, J. / BEEMAN, M. (2015), S. 114 u. 120.
[38] Vgl. ebd., S. 216.
[39] Vgl. ebd., S. 138f.
[40] Vgl. unten Abschnitt 6.2.
[41] Vgl. KOUNIOS, J. / BEEMAN, M. (2015), S. 150 u. 154.
[42] Vgl. ebd., S. 169.
[43] Vgl. KAHNEMANN, D. (2014), S. 93.
[44] Vgl. ebd., S. 93.
[45] Vgl. RYBA, A. / ROTH, G. (2019b), S. 27.
[46] Vgl. KOUNIOS, J. / BEEMAN, M. (2015), S. 84f.
[47] Vgl. ebd., S. 41f.
[48] Vgl. ebd., S. 151.
[49] Vgl. RAUEN, C. (2005a), S. 15.
[50] Vgl. OFFERMANNS, M. (2005), S. 101.
[51] Vgl. ZHARKOVA, N. (2010), S. 226.
[52] Vgl. ROTH, G. / RYBA, A. (2016), S. 214.
[53] Vgl. KÜNZLI, H. (2019), S. 109.
[54] Vgl. RAUEN, C. (2005b), S. 112.
[55] Vgl. ESCH, T. (2017b), S. 89.
[56] Vgl. ESCH, T. (2017a), S. 77.
[57] Vgl. ROTH, G. / STRÜBER, N. (2017), S. 149.
[58] Vgl. ebd., S. 150.
[59] Vgl. ESCH, T. (2017a), S. 116.

[60] Vgl. RAUEN, C. / STEINHÜBEL, A. (2005), S. 296.
[61] Vgl. KÖNIGSWIESER, R. / HILLEBRAND, M. (2004) S. 33.
[62] Vgl. ebd.
[63] Vgl. ROTH, G. (2017), S. 364.
[64] Vgl. ROTH, G. (2012), S. 25.
[65] Vgl. ACADEMY OF NEUROSCIENCE: FM - Lernprozesse, Köln 2015, S. 50.
[66] Vgl. ROTH, G. (2017), S. 364.
[67] Vgl. KÜNZLI, H. (2019), S. 114.
[68] Vgl. ebd.
[69] Vgl. RADATZ, S. (2011), S. 31-33.
[70] Vgl. ACADEMY OF NEUROSCIENCE (2015): BM – Grundlagen der Neurowissenschaften, Köln 2015, S. 64.
[71] Vgl. RENN, K. (2016), S. 140f.
[72] Vgl. RYBA, A. / ROTH, G. (2019a), S. 12.
[73] Vgl. RYBA, A. (2019), S. 151f.
[74] ROTH, G. / RYBA, A. (2019), S. 510.
[75] Vgl. ebd.
[76] Vgl. RYBA, A. (2019), S. 151.
[77] Vgl. ROTH, G. (2012), S. 27.
[78] Vgl. RYBA, A. / ROTH, G. (Hrsg.) (2019a), S. 12.
[79] Vgl. KOUNIOS, J. / BEEMAN, M. (2015), S. 19.
[80] ROTH, G. (2017), S. 105.
[81] Vgl. ebd., S. 176.
[82] Vgl. ROTH, G. / RYBA, A. (2016), S. 192.
[83] Vgl. RYBA, A. / ROTH, G. (2019c), S. 31.
[84] Vgl. ROTH, G. (2017), S. 116-122.
[85] Vgl. ebd., S. 119.
[86] Vgl. ESCH, T. (2017a), S. 123.
[87] Vgl. RADATZ, S. (2011), S. 42.
[88] Vgl. SCHARMER, O. (2015), S. 36.

[89] Vgl. ebd., S. 41.
[90] Vgl. ebd.
[91] Vgl. CHLOPCZIK, A. (2015), S. 45.
[92] Vgl. ESCH, T. (2017a), S. 51.
[93] Vgl. ebd., S. 52.
[94] Vgl. SENGE, P. (2015), S. 16.
[95] Vgl. CHLOPCZIK, A. (2015), S. 16.
[96] Vgl. ebd.
[97] Vgl. RENN, K. (2016), S. 11.
[98] Vgl. RYBA, A. / ROTH, G. (2019d), S. 409.
[99] NOWAK, C. / NEUBERT-LIEHM, E. (2011),
zitiert nach CHLOPCZIK, A. (2015), S. 28.
[100] Vgl. ebd., S. 29.
[101] Vgl. KOUNIOS, J. / BEEMAN, M. (2015), S. 10.
[102] Vgl. ESCH, T. (2017a), S. 72.
[103] Vgl. STANGL, W. (2019b).
[104] Vgl. KOUNIOS, J. / BEEMAN, M. (2015), S. 18.
[105] Vgl. ebd., S. 57.
[106] Vgl. KOUNIOS, J. / BEEMAN, M. (2015), S. 93.
[107] Vgl. ebd., S. 90.
[108] Vgl. KAHNEMANN, D. (2014), S. 91f.
[109] Vgl. KOUNIOS, J. / BEEMAN, M. (2015), S. 91.
[110] Vgl. ebd.
[111] Ebd., S. 111.
[112] Vgl. ebd., S. 107.
[113] Ebd., vgl. oben Abschnitt 3.1.
[114] Vgl. KOUNIOS, J. / BEEMAN, M. (2015), S. 109.
[115] Vgl. TIK, M. u. a. (2018), passim.
[116] Vgl. oben Abschnitt 5.2.1.
[117] Vgl. TIK, M. u. a. (2018), S. 3248.
[118] O. V. (2018), S. 1.

[119] Vgl. oben Abschnitt 6.1.

[120] Vgl. ESCH, T. (2017a), S. 75.

[121] Ebd., S. 75.

[122] Vgl. TIK, M. u. a. (2018), S. 3249.

[123] Vgl. ROTH, G. (2017), S. 374.

[124] Vgl. oben Abschnitt 2.1.

[125] Vgl. ROTH, G. / STRÜBER, N. (2017), S. 145.

[126] Vgl. ESCH, T. (2017a), S. 113.

[127] Vgl. ROTH, G. / RYBA, A. (2016), S. 136.

[128] Vgl. ebd.

[129] Vgl. ACADEMY OF NEUROSCIENCE: FM - Persönlichkeitsentwicklung, Köln 2015, S. 19.

[130] Vgl. ESCH, T. (2017a), S. 114.

[131] Vgl. ebd., S. 114.

[132] Vgl. ROTH, G. / RYBA, A. (2016), S. 137.

[133] Vgl. ESCH, T. (2017a), S. 115.

[134] Vgl. ROTH, G. / STRÜBER, N. (2017), S. 146.

[135] Vgl. oben Abschnitt 3.1.

[136] Vgl. ACADEMY OF NEUROSCIENCE: FM - Emotionen, Köln 2015, S. 5.

[137] Vgl. ebd., S. 7.

[138] Vgl. ebd.

[139] Vgl. ebd., S. 31.

[140] Vgl. DAMASIO, A. (2010), S. III.

[141] Vgl. ROTH, G. / STRÜBER, N. (2017), S. 147; ROTH, G. (2017), S. 183.

[142] Vgl. KAHNEMANN, D. (2014), S. 369f.; vgl. oben Abschnitt 5.2.

[143] Vgl. KAHNEMANN, D. (2014), S. 370.

[144] Vgl. ebd., S. 371.

[145] Vgl. ACADEMY OF NEUROSCIENCE: FM - Lernprozesse,

Köln 2015, S. 27f.

[146] ELGER, C. E. (2013), S. 107.

[147] Vgl. oben Abschnitt 5.2.2.

[148] Vgl. ROTH, G. / RYBA, A. (2016), S. 209.

[149] Vgl. ebd., S.106.

[150] Vgl. ebd., S. 91.

[151] Vgl. ROTH, G. / STRÜBER, N. (2017), S. 147f.

[152] Vgl. WITTMANN, B. C. u. a. (2005), S. 465.

[153] Vgl. ESCH, T. (2017a), S. 118.

[154] Vgl. ebd., S. 119.

[155] Vgl. ESCH, T. (2017b), S. 78.

[156] Vgl. oben Abschnitt 4.

[157] Vgl. ROTH, G. / STRÜBER, N. (2017), S. 193.

[158] Vgl. ebd., S. 338.

[159] Vgl. ACADEMY OF NEUROSCIENCE: FM - Lernprozesse, Köln 2015, S. 21.

[160] Vgl. ebd., S. 23.

[161] Ebd., S. 52f.

[162] Vgl. ebd., S. 53.

[163] Vgl. oben Abschnitt 6.3.

[164] Vgl. ESCH, T. (2017b), S. 109.

[165] Vgl. ROTH, G. / STRÜBER, N. (2017), S. 150f.

[166] Vgl. ROTH, G. / RYBA, A. (2016), S. 142.

[167] Vgl. oben Abschnitt 4.2.

[168] Vgl. KAHNEMANN, D. (2014), S. 27.

[169] Ebd., S. 448.

[170] Vgl. ebd., S. 451.

[171] Vgl. ebd., S. 449.

[172] Vgl. DE MARTINO, B. (2006), S. 2.

[173] Vgl. KAHNEMANN, D. (2014), S.22.

[174] Vgl. ERLEI, M. (2018).

[175] Vgl. KAHNEMANN, D. / TVERSKY, A. (1984), S. 548f.
[176] Vgl. SOON C. S. u. a. (2008), S. 543.
[177] Vgl. ebd., S. 545.
[178] Vgl. MÜSSELER, J. / RIEGER M. (2017), S. 260ff.
[179] Vgl. RYBA, A. / ROTH, G. (2019c), S. 35.
[180] Vgl. ROTH, G. (2017), S. 245.
[181] Vgl. ebd.
[182] Vgl. ebd., S. 175f. u. 243-246.
[183] Vgl. oben Abschnitt 1.4.
[184] Vgl. oben Abschnitt 5.2.2.
[185] Vgl. oben Abschnitt 5.2.
[186] Vgl. KÜNZLI, H. (2019), S. 110.
[187] Vgl. ROTH, G. / STRÜBER, N. (2017), S. 331.
[188] Vgl. ROTH, G. / RYBA, A. (2016), S. 80.
[189] Vgl. GAHLEITNER, S. (2017), S. 310.
[190] Vgl. oben Abschnitt 2.
[191] Vgl. ROTH, G. / RYBA, A. (2019), S. 510.
[192] Vgl. oben Abschnitt 6.
[193] Vgl. oben Abschnitt 3.1.
[194] Vgl. ebd.
[195] Vgl. CHLOPCZIK, A. (2015), S. 89.
[196] Vgl. LAMMERS, C.-H. (2019), S. 359f.
[197] Vgl. KOUNIOS, J. / BEEMAN, M. (2015), S. 150.
[198] Vgl. oben Abschnitt 6.
[199] Vgl. KOUNIOS, J. / BEEMAN, M. (2015), S. 91;
oben Abschnitt 5.2.1.
[200] Vgl. KOUNIOS, J. / BEEMAN, M. (2015), S. 111.
[201] Vgl. oben Abschnitt 5.2.2.
[202] Vgl. ACADEMY OF NEUROSCIENCE (2015): BM –
Grundlagen der Neurowissenschaften, Köln 2015, S. 44.
[203] Vgl. ebd., S. 55.

[204] Vgl. KÜNZLI, H. (2019), S. 115.

Ihre Notizen